TILL THE JOB IS DONE

Lettres du front d'un officier de la
4th Infantry Division américaine (1944-1945)

OREP
EDITIONS

« Tout le problème semble être lié au fait que chaque nouvelle génération doit découvrir par elle-même combien la guerre est terrible, coûteuse et futile, au lieu de profiter des connaissances acquises par celles qui l'ont réalisé à leurs dépens. C'est la deuxième guerre mondiale de mon vivant et je sais que ceux qui ont combattu pendant la première espéraient ne jamais en voir une autre. Je sais aussi que ceux d'entre nous qui combattent dans celle-ci espèrent ne jamais en connaître de nouvelles, mais il se peut qu'il y ait trop de gens de toutes nations qui n'ont pas eu l'expérience du combat, qui ne subissent pas ou ne sont pas témoins des conditions réelles de la guerre et qui, pour cette raison, ne la conçoivent pas dans toute son horreur. Peut-être que ceux qui resteront lorsque ce conflit sera terminé pourront élaborer un plan pour y mettre un terme à jamais. [...]

Permets-moi de t'assurer que tous les hommes et les officiers ici présents avec lesquels j'ai parlé sont déterminés à poursuivre le combat jusqu'à la fin, quel que soit le temps qu'il faudra pour y parvenir. C'est ce que nous sommes venus faire ici et aucun d'entre nous ne penserait à partir tant que le travail n'est pas accompli [« ***until the job is done*** » dans le texte anglais]. »

Otis HEWETT, 1944

GRANDE BRETAGNE
PAYS-BAS
Arnhem
Dortmund
OCTOBRE - DÉCEMBRE 44
ALLEMAGNE
Anvers
Aachen
Cologne
Düren
Dunkerque
Bruxelles
ZWEIFALL (HÜRTGENWALD)
Calais
BELGIQUE
BÜLLINGEN / HÜNNINGEN
JUIN 45
Lille
ST-VITH
Prüm
Frankfurt
BAMBERG
MANCHE
ST-QUENTIN / ITANCOURT
BASTOGNE
Würzburg
Cherbourg
DÉBARQUEMENT
Le Havre
SEPTEMBRE 44
Luxembourg
Nuremberg
JUILLET 44
Carentan
Reims
SAINTE-MÉRE -ÉGLISE
St-Lô
Caen
Metz
Stuttgart
Coutances
Falaise
PARIS
ST-POIS
Argentan
Nancy
Avranches
DÉSERTINES
Strasbourg
Munich
CARROUGES
CHARTRES
AOÛT 44
FRANCE
Nantes
SUISSE
OCÉAN ATLANTIQUE
ITALIE

AVANT-PROPOS

Je n'ai aucune expérience militaire et je n'ai jamais mis les pieds dans une fac d'histoire, mais j'ai toujours cherché à comprendre ce que tant de jeunes gars de mon âge ont traversé pour libérer l'Europe du nazisme et du fascisme. À 34 ans, Otis combattait dans l'enfer de la forêt de Hürtgen. À 34 ans, je lisais tranquillement ses lettres dans le confort de mon foyer. Nous attendions tous deux notre premier fils, mais dans des conditions bien différentes... et pourtant, je me suis senti si proche de cet inconnu, à qui je dois tout.

Les lettres ont ceci de fascinant qu'elles nous connectent à l'histoire : d'abord par un lien physique, lorsque l'on tient en main un document taché par la boue d'une tranchée ou de la cendre de cigarette, mais aussi émotionnel, car ces jeunes citoyens en uniforme y livraient leurs peurs, leurs opinions et leurs rêves pour un avenir incertain. Étudier la Seconde Guerre mondiale à travers elles est bien plus émouvant et marquant que de se contenter d'une succession de faits, lieux, dates et chiffres froids et répétés sans cesse dans les innombrables ouvrages déjà parus sur le sujet... ce qui ne veut pas dire qu'il ne faut pas replacer ces écrits dans leur contexte, car sans lui, ces témoignages personnels perdent leur dimension historique.

Depuis l'âge de 15 ans environ, je collectionne des milliers de lettres de soldats américains, britanniques, canadiens ou français, tout en enquêtant sur les parcours individuels de leurs auteurs. Comme le héros de cet ouvrage (qui lui donnera

son titre), ils ont « fait leur job », au prix de leur sueur et de leur sang, et je suis né dans un pays libre grâce à leurs sacrifices.

Début 2015, après plus d'une décennie de collection et de recherches, quelque 90 soldats alliés ont été sélectionnés pour être honorés à travers leurs correspondances personnelles dans mes deux premiers livres, publiés aux éditions Ouest-France : *Till Victory : lettres de soldats alliés* (octobre 2018, récompensé par le prix Histoire 2019 de la fondation Stéphane-Bern et le *Distinguished Writing Award* du musée national de l'*US Army* pour sa version anglaise) et sa suite *Till Victory : lettres du Jour J à la victoire* (mars 2020, sortie la veille du confinement lié à la pandémie de Covid-19). C'était ma façon de dire « Merci » à ces héros, en les rendant immortels et reconnus à un moment où la solidarité internationale et la paix étaient mises à rude épreuve (et elles le sont encore aujourd'hui). Au cours de l'été 2020, entre deux quarantaines, j'ai découvert un nouveau lot de papiers très intéressants sur le site d'enchères eBay.

Ce *grouping* d'environ 250 courriers (en photo ci-dessus), écrits par un officier de la *4th Infantry Division* américaine entre 1944 et 1945 et entassés dans une boîte à chaussures avec photos et autres documents, paraissait constituer un excellent complément à un futur projet. Par chance, je suis sorti victorieux de la guerre des enchères, et cette trouvaille avait quelque chose d'exceptionnel : pour une fois, le lot n'avait pas été divisé pour le profit par un vendeur sans scrupule : en effet, la majeure partie des antiquaires d'eBay proposent des lettres à l'unité pour maximiser leurs gains, les dispersant aux quatre coins du monde et effaçant au passage l'histoire de leur auteur, pour ne laisser aux historiens qu'une pièce du puzzle... ce qui n'a heureusement pas été le cas ici. En outre, la lecture du contenu des lettres a été une autre belle surprise : quand la plupart des correspondances de guerre sont généralement chargées de simples échanges familiaux, comme l'ordonnait la censure, celles-ci décrivaient de manière très détaillée la vie sur le front et les opérations en cours ! En fait, en tant que capitaine, Otis Hewett censurait son propre courrier et prenait la responsabilité de parler librement de sa « routine » de combattant. D'ailleurs, j'ai retranscrit tel quel son langage fleuri pour désigner « l'ennemi », mais le lecteur aura l'intelligence de comprendre le contexte de l'époque et de se rappeler que le « salopard allemand » d'hier est aujourd'hui notre allié, et un grand acteur de la paix mondiale.

J'ai ainsi passé de nombreuses semaines à parcourir ses lettres une à une, étonné par son écriture remarquable et ses expériences effroyables, racontées à son épouse Judy, enceinte de leur premier enfant... Comptant moi-même les jours avant l'arrivée de mon petit Léon, je ne pouvais que compatir à l'anxiété d'Otis, plongé dans l'horreur du combat sans la moindre nouvelle de sa femme. J'ai aussi apprécié ses nombreuses références à Ernie Pyle et Bill Mauldin, qui ont écrit mes deux livres de prédilection sur la Seconde Guerre mondiale et qui offrent eux aussi un aperçu très réaliste de la vie quotidienne du soldat de première ligne. Certains témoignages font froid dans le dos, et j'ai rapidement compris qu'Otis méritait son propre ouvrage... Bien sûr, seuls les passages intéressants pour le lecteur ont été soigneusement sélectionnés. D'autre part, il me fallait toujours enquêter pour construire le contexte entourant ses lettres, afin de pouvoir expliquer où elles avaient été écrites et ce qui se déroulait alors à plus grande échelle. Pour cela, comme d'habitude, j'ai utilisé mes connaissances de l'histoire du conflit, les *after action reports* de son unité et de nombreuses archives et publications mises à disposition du public. Mon ami Jérémy Andersen Bö, spécialiste français pour tout ce qui touche à la *4th Infantry Division* américaine, m'a également assisté dans mes recherches. Afin que le lecteur puisse être pleinement immergé dans l'histoire d'Otis, j'ai illustré le livre avec des pièces originales de ma collection personnelle et des photos d'époque colorisées par mes soins. Enfin, comme je l'ai fait pour tous les hommes et les femmes honorés dans la collection *Till Victory*, j'ai entrepris de retrouver ses descendants à l'autre bout du monde pour les informer de mon projet et m'assurer qu'ils en étaient satisfaits. La famille Hewett a finalement été contactée en novembre 2020 et a été d'une grande aide dans la réalisation de ce projet.

En parallèle de l'écriture de l'ouvrage, j'ai décidé de me lancer sur les traces d'Otis, d'Utah Beach à la sombre forêt de Hürtgen, et d'en tirer un documentaire à voir gratuitement sur Internet (*Till the job is done : sur les traces d'un officier de la 4th Infantry Division américaine*, sur Youtube et www.tillvictory.com).

L'auteur et réalisateur Clément Horvath au centre (en civil), entouré des acteurs qui donnent vie à l'unité d'Otis dans le documentaire. Julien Hauvel, l'interprète d'Otis, est au premier rang à gauche.

Il a été pensé comme un complément à cet ouvrage, puisque je me rends sur les lieux mêmes où Otis a écrit ses lettres et y rencontre témoins et experts, afin d'en apprendre encore plus sur son parcours.

À travers ce livre, comme avec les précédents, j'ai tenté de comprendre en tant que civil ce qu'était réellement la guerre, à hauteur d'homme. Grâce à ce qu'Otis et des millions d'autres soldats alliés ont réussi à faire, et par le sacrifice ultime de son frère Maurice et de tant d'autres gars fauchés dans la fleur de l'âge, j'ai la chance de ne jamais avoir eu à en subir le traumatisme. Je la sais en revanche très éloignée de l'image romanesque du combat véhiculée par les films hollywoodiens et les jeux vidéos et je pense souvent aux mots d'Otis en première page de ce livre... Ma génération, dans mon pays, est tellement habituée à la paix et à la liberté que nous avons tendance à oublier qu'elles ont été acquises dans le sang et la misère, et qu'elles sont sans cesse fragilisées. L'actualité nous le rappelle pourtant tous les jours... Puissions-nous ne jamais faire l'expérience d'un tel conflit, sans jamais oublier qu'il doit être évité à tout prix.

Clément HORVATH

Le cimetière militaire américain de Colleville-sur-Mer, dont la visite très jeune fut le point de départ pour l'auteur d'une passion qui ne le quitta jamais.

NOUS SOMMES EN 1944

La Grande Guerre, qui a duré quatre ans et s'est terminée en 1918 avec 10 millions de morts et 21 millions de blessés, devait être « la der des der ». Cependant, les réparations colossales exigées par les Alliés à l'Allemagne vaincue ont plongé cette dernière dans la pauvreté et le chômage de masse, le terreau idéal du national-socialisme (« nazisme » en abrégé). Dirigé par un ancien soldat allemand antisémite, Adolf Hitler, ce nouveau parti d'extrême droite ne cessa de se développer jusqu'à la mort d'Hindenburg en 1934, quand Hitler devint chef de l'État et *Führer* du Troisième Reich. L'année suivante, avec les lois de Nuremberg, il fit de la haine raciale une doctrine officielle et entreprit de purifier l'Europe des juifs et de bien d'autres peuples qu'il considérait comme inférieurs à son idéal, la « race aryenne ». D'autres régimes totalitaires ont également profité de la crise économique de 1929 et le fascisme s'est rapidement répandu comme la peste.

Avec l'Empire du Japon d'Hideki Tojo (dont les troupes fanatiques se sont emparées d'une grande partie de l'Asie) et l'Italie de Benito Mussolini, le Reich signa le « Pacte tripartite » le 27 septembre 1940, donnant naissance aux Forces de l'Axe (bientôt rejointes par la Hongrie, la Roumanie, la Slovaquie et la Bulgarie). Entre-temps, Hitler avait conclu un pacte de non-agression avec Joseph Staline, dirigeant de l'Union des républiques socialistes soviétiques (URSS) avec laquelle il envahit la Pologne en septembre 1939. En réponse à cette attaque, la France, la Grande-Bretagne et leurs alliés déclarèrent la guerre à l'Allemagne le 3 septembre 1939... Mais en 1941, le drapeau à croix gammée nazi flottait presque partout en Europe.

L'offensive allemande du 10 mai 1940 met à genoux les Pays-Bas, la Belgique et le Luxembourg en seulement quelques jours. La France est la dernière à tomber le 25 juin, à l'issue de 6 semaines de combats qui lui coûteront plus de 180 000 pertes (tués, blessés et disparus) et près de 2 millions de prisonniers de guerre, envoyés dans les « Stalags » en Allemagne. Adolf Hitler (au centre) pose ici devant la tour Eiffel, le 23 juin 1944.

L'Europe en 1941, dominée par le nazisme, le fascisme et le communisme. Seule la Grande-Bretagne résiste encore... Certains pays sont restés « neutres » (en blanc).

En Europe occidentale, le Royaume-Uni était encore le seul pays allié non envahi, grâce à la mise en échec de la *Luftwaffe* (armée de l'air allemande) par la *Royal Air Force* au cours de l'été 1940. L'armée britannique a également réussi à garder un pied en Afrique, tandis que la *Royal Navy* continuait à se battre en mer. Suite à l'attaque japonaise contre la base navale américaine de Pearl Harbor le 7 décembre 1941, les Alliés occidentaux pouvaient désormais compter sur un autre membre, et non des moindres : les États-Unis sont entrés en guerre contre le Japon et l'Allemagne. L'Amérique a mis toute sa puissance industrielle dans la constitution d'une armée de 16 millions d'hommes équipés d'un armement de pointe. Avec des débarquements réussis en Afrique du Nord (*Operation Torch*, 8 novembre 1942), en Sicile (*Operation Husky*, 9 juillet 1943) et en Italie (*Operation Avalanche*, 9 septembre 1943), l'armée américaine mena la charge contre la « Forteresse Europe » avec ses alliés britanniques, canadiens ou encore français.

Petit dépliant humoristique et patriotique américain :
« On sait que vous êtes des poules mouillées, mais ne vous inquiétez pas, l'Oncle Sam va vous passer à l'essoreuse ! »

À l'Est, le vent tourna en 1942, lorsque les Soviétiques, trahis et attaqués par Hitler lors de l'opération *Barbarossa* (22 juin 1941), changèrent de camp et stoppèrent l'avance de la *Wehrmacht* (armée allemande) à Stalingrad, aidés par l'impitoyable hiver russe. Dès lors, l'Armée rouge de Staline repoussera vigoureusement les Allemands vers Berlin, mais les Soviétiques insistaient pour obtenir l'ouverture urgente d'un nouveau front à l'Ouest qui soulagerait la pression sur leurs troupes. Le commandant suprême des forces expéditionnaires alliées en Europe Dwight D. Eisenhower et le Premier ministre britannique Winston Churchill se plièrent à leur requête en lançant *Operation Overlord*, l'invasion de la Normandie, prévue pour le 6 juin 1944.

Dans sa lettre distribuée aux troupes juste avant le Jour J, Eisenhower écrit : « *Votre ennemi est bien entraîné, bien équipé et aguerri. Il se battra sauvagement. Mais nous sommes en 1944 ! Beaucoup de choses se sont produites depuis les triomphes nazis de 1940-1941.* [...] *Le vent a tourné ! Les hommes libres du monde entier marchent ensemble vers la Victoire ! J'ai pleinement confiance en votre courage, votre sens du devoir et votre habileté au combat. Nous n'accepterons rien de moins que la victoire totale !* »

Parmi les hommes qui vont prendre part à la bataille pour la France se trouve le capitaine de l'*US Army* Otis Charles Hewett.

Né en 1909, Otis est un horloger de Rutland, une petite ville de 17000 âmes dans le Vermont (Nord-Est des États-Unis), connue pour ses carrières de marbre et ses hivers longs, froids et enneigés. Peu avant son 17e anniversaire, il s'était engagé dans la Garde nationale, puis réengagé après avoir été démobilisé honorablement en 1929, 1930, 1933 et 1936. Son jeune frère Maurice en a fait autant. Avec la compagnie A du *172nd Infantry Regiment* (alors rattaché à la *43th Division*), il gravit rapidement les échelons jusqu'à ce qu'il soit nommé sous-lieutenant le 17 mars 1939, recevant ainsi le nouveau numéro de matricule O-382688 (O pour « officier »). Cette année-là, il suit un certain nombre de formations spécifiques, parmi lesquelles « organisation de l'armée », « droit militaire », « lecture de photographies aériennes », « orientation et ordres de combat », « reconnaissance et patrouille » ou encore « défense contre la guerre chimique ».

Cartes postales de Rutland (Vermont) du début du XXe siècle.

Toutes les unités de la Garde nationale ont été mobilisées pour le service fédéral le 24 février 1941, date officielle d'engagement d'Otis. L'entraînement intensif commença à Camp Blanding (Floride) avec des exercices militaires à grande échelle ou « manœuvres » qui eurent lieu en Louisiane en septembre 1941. Lorsque la guerre fut déclarée avec le Japon et l'Allemagne plus tard dans l'année, Otis se déplaça de camp en camp et fut affecté à différents régiments, tels que le *307th Regiment* (*77th Division*) à Fort Jackson (Caroline du Sud) ou le *393rd Regiment* (*99th Division*) à Camp Van Dorn (Mississippi). Otis fut diplômé de Fort Benning le 8 juillet 1943 et promu capitaine à cette période. Après un court séjour à Fort Bliss (Texas) en tant que responsable d'une mitrailleuse antiaérienne de calibre .50, il a finalement rejoint début 1944 un *casualty officers detachment* (un groupe d'officiers remplaçants prêts à prendre la relève lorsque des commandants d'unités sont blessés ou tués au combat) à Fort Meade (Maryland), en attendant d'être envoyé à la guerre. Fin avril 1944, il doit dire au revoir à Julia, sa « Judy » bien-aimée qu'il a épousée 10 ans plus tôt et qui est alors enceinte de leur premier enfant.

Capt. Otis C. Hewett, a former member of the Vermont National Guard, is on duty at Camp Van Dorn, Miss. He was a second lieutenant in the guard and was formerly employed as a watchmaker by the F. B. Howard company. Capt. and Mrs. Hewett recently spent a 10-day leave in Rutland.

Le 15 mai 1944, Otis traverse enfin l'Atlantique, ne sachant toujours pas quelle est sa destination finale. Le voyage dure plusieurs jours (plus d'une semaine) et les hommes ne sont pas autorisés à monter sur le pont après la tombée de la nuit, car un *black-out* strict doit protéger le navire des sous-marins allemands. Otis écrit le 21 mai : « *J'ai entendu dire par un aumônier ou quelqu'un d'autre qu'il n'y a pas d'athées dans les* foxholes [trous d'homme dans lesquels les soldats trouvent refuge en première ligne]. *Je peux également t'assurer qu'il y en a très peu à bord des navires dans ces eaux dangereuses.* »

QUELQUE PART EN…

Malgré la menace des sous-marins allemands (qui couleront 3500 navires marchands et 175 navires de guerre alliés dans l'Atlantique), Otis arrive sain et sauf en Grande-Bretagne, bien que le danger vienne désormais des airs : les fréquents raids de la *Luftwaffe* et les roquettes tirées depuis le continent feront plus de 40000 victimes pendant le « Blitz ». Son dépôt de remplaçants (*repple depple* en argot militaire) est situé dans l'un des 1108 camps disséminés dans le pays, plus précisément dans le parc Delamere à Cuddington (près de Northwich, Cheshire) qui abrite environ 15000 soldats américains dans des cabanes Nissen.

Au début du mois de juin, il écrit dans ses lettres à la maison depuis « *Quelque part en Angleterre* » : « *Le camp où nous sommes stationnés est beaucoup plus petit que ceux que nous connaissons aux États-Unis, mais pas si terrible après tout. C'était un ancien domaine avant la guerre et il y a de belles fleurs, des haies et de nombreux arbres. Le climat ici ressemble beaucoup à celui de chez nous. On ne porte pas du tout nos uniformes en coton ici, car il ne fait jamais très chaud, même au milieu de l'été.* [...] *J'ai toujours mon imperméable avec moi, car il n'est pas prudent d'aller où que ce soit dans ce pays sans en avoir un, à moins que cela ne te dérange pas de prendre une douche. Il a plu tous les jours ici depuis une semaine. Il doit faire très chaud à la maison en ce moment.* [...] *D'après ce que j'ai vu jusqu'à présent, les zones rurales ressemblent beaucoup aux campagnes de Pennsylvanie et du Nord de New York. Ils font à peu près les mêmes cultures.*

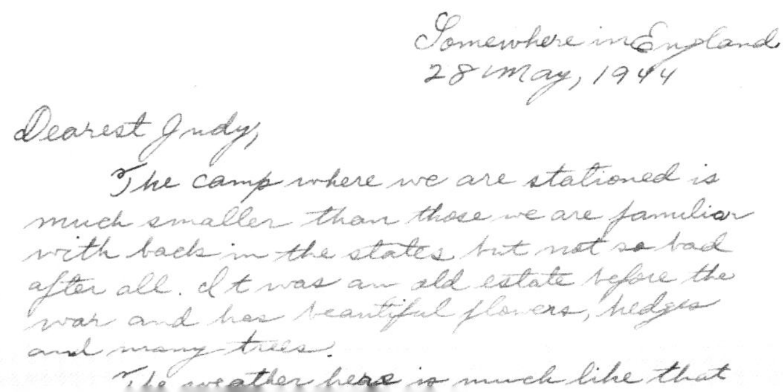
Somewhere in England
28 May, 1944

Dearest Judy,
The camp where we are stationed is much smaller than those we are familiar with back in the states, but not so bad after all. It was an old estate before the war and has beautiful flowers, hedges and many trees.
The weather here is much like that

Les vaches sont de type Jersey, Holstein et quelques autres que je ne connais pas. Les chevaux sont très grands et ont une belle allure. J'ai vu des canards, des oies, des poulets, mais pas de porcs ni de moutons, bien qu'ils en élèvent aussi. Je ne sais pas si ces informations peuvent t'intéresser ou non, mais il n'y a pas beaucoup de choses que nous sommes autorisés à raconter. [...] *J'ai visité une ville voisine d'environ 100 000 habitants. Je suis sûr que nous l'aurions tous les deux beaucoup appréciée si nous avions pu être ensemble. En fait, je n'ai pas eu beaucoup de plaisir à la parcourir, bien qu'il ait été très intéressant de voir les différents types d'uniformes et d'insignes dans les rues. Nous avons mangé dans un restaurant et la nourriture que nous avons pu acheter était bonne et assez bien préparée. Nous n'avons pas pu trouver de café, mais nous avons été agréablement surpris par le thé anglais. Il est un peu différent du nôtre, mais assez bon. Il n'y a pas d'endroits comme* The Red Apple *ici, mais plutôt des "pubs". Ils sont de très petite taille et je suppose qu'ils sont toujours bondés. Nous avons goûté leur bière (ils l'appellent "Bitters"), elle n'est pas mauvaise du tout mais évidemment, elle n'a pas le même goût que la nôtre. Je trouve qu'elle a surtout un goût de bière éventée. Ça ressemble beaucoup à un verre de notre bière qui est resté posé sur une table pendant une demi-heure.* [...]

Je n'ai pas encore vu grand-chose de l'Angleterre. Cependant, d'après ce que j'ai observé, les gens ici ont vécu l'enfer et c'est encore assez dur. Ils savent vraiment qu'il y a une guerre en cours, ça c'est sûr ! J'ai vu plusieurs secteurs qui ont été gravement endommagés par les bombes. Les gens ont déblayé les ruines et n'ont reconstruit que ce qui était essentiel pour poursuivre l'effort de guerre. C'est d'ailleurs leur première pensée dans tout ce qu'ils font : "Est-ce indispensable à la poursuite de la guerre contre l'ennemi ?" Ils savent aussi réellement ce qu'est le rationnement. Chaque personne reçoit un œuf par mois, tu imagines ! Les autres articles rares sont rationnés en conséquence. Tout le monde porte de vieux vêtements parce que rien d'autre ne peut être acheté. Je crois que nous aurons beaucoup de mal à nous habituer à leur argent, je t'en parlerai dans une autre lettre. Ils ont beaucoup de coutumes curieuses ici, mais celle qui me dérange le plus est la conduite de tous les véhicules sur le côté gauche de la route. Ça te rendrait dingue ! [...]

Nous avons repris l'entraînement comme prévu. Ce n'était pas trop difficile, mais demain ce sera une autre paire de manches. Beaucoup d'entraînement physique et de longues marches de renforcement pour nous remettre en parfaite condition physique. Ce sera assez brutal au début parce que nous nous sommes ramollis en chemin. [...] *Je ne sais plus si je t'ai raconté dans une de mes lettres précédentes la blague que le maître de cérémonie du dernier spectacle de l'USO* [spectacle de comédie ou de musique offert par les *United Service Organizations* pour divertir les troupes] *a raconté sur les soldats américains en Angleterre.* [...] *Un officier américain a demandé à un civil d'une ville anglaise ce qu'il pensait de nous. "Oh, ils sont plutôt corrects, je crois" répondit l'Anglais. L'officier avait l'impression que l'Anglais parlait comme s'il n'avait pas une très bonne opinion de nous et il voulait savoir pourquoi. "Eh bien", dit l'Anglais, "ils sont trop payés, trop décorés" (il fait référence à nos rubans de médailles d'avant Pearl Harbor, nos badges de qualification au tir, etc.) "trop chauds lapins, et trop dans le coin !" Les hommes ont bien ri sur ce coup-là, même si certains ont crié qu'ils n'aimaient pas l'Angleterre et qu'ils la quitteraient à la première occasion. Ça ne me dérange pas trop d'être en Angleterre, mis à part le fait d'être éloigné de toi.* [...] *Chérie ! Je suis sûr que je recevrais tes lettres plus rapidement si tu les envoyais par avion. Tu pourrais aussi essayer le V-mail.*

Le *V-mail* ou *Victory Mail*, un système inspiré de l'*Airgraph* britannique visant à faciliter la logistique et la sécurité du courrier : les lettres, rédigées sur ces formulaires spécifiques, sont ensuite photographiées sur des microfilms contenant chacun jusqu'à 1700 lettres, expédiés pour impression dans le pays de destination sur de petites feuilles de papier, emballées et distribuées.

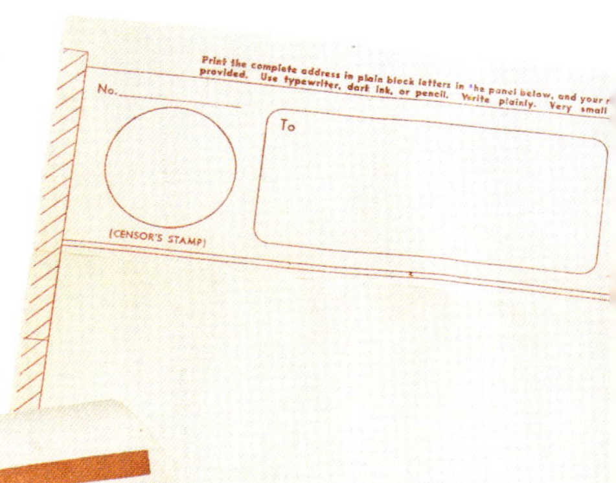

Tu n'as pas idée à quel point tu me manques, ma chérie, et une lettre de ta part est la chose pour laquelle je prie le plus. [...] *J'espère que les fautes d'orthographe ne te dérangeront pas. Il commence à faire un peu sombre ici et bien sûr nous avons un* black-out *tous les soirs* [pour éviter d'être vus la nuit par les bombardiers allemands – mais le *black-out* est une règle générale dans le pays, même pour les civils]. *Ce sera merveilleux quand les lumières pourront s'allumer partout à nouveau et que nous pourrons nous retrouver.* » Contrairement à Otis, qui ne participera pas à la première phase de l'invasion (portant le nom de code *Operation Neptune*), les troupes rassemblées près des ports d'embarquement sont strictement confinées dans des camps surveillés par des gardes armés, afin de préserver le plus grand secret sur les opérations de débarquement les plus ambitieuses jamais tentées. La *Royal Air Force* britannique et les *US Army Air Forces* préparent déjà le terrain en effectuant pas moins de 200 000 bombardements et « sorties » sur les côtes de Normandie...

Message urgent

du Commandement Suprême des Forces Expéditionnaires Alliées

AUX HABITANTS DE CETTE VILLE

Afin que l'ennemi commun soit vaincu, les Armées de l'Air Alliées vont attaquer tous les centres de transports ainsi que toutes les voies et moyens de communications vitaux pour l'ennemi.

Des ordres à cet effet ont été donnés.

Vous qui lisez ce tract, vous vous trouvez dans ou près d'un centre essentiel à l'ennemi pour le mouvement de ses troupes et de son matériel. L'objectif vital près duquel vous vous trouvez va être attaqué incessamment.

Il faut sans délai vous éloigner, avec votre famille, pendant quelques jours, de la zone de danger où vous vous trouvez.

N'encombrez pas les routes. Dispersez-vous dans la campagne, autant que possible.

PARTEZ SUR LE CHAMP !
VOUS N'AVEZ PAS UNE MINUTE A PERDRE !

Trouvé près de Caen, ce tract avertissait les habitants de l'imminence d'un bombardement allié. Malgré cette précaution, les victimes civiles en Normandie seront nombreuses. On dénombre au moins 13 632 morts dans les trois départements bas-normands, dont plus de 2 000 pour la seule ville de Caen...

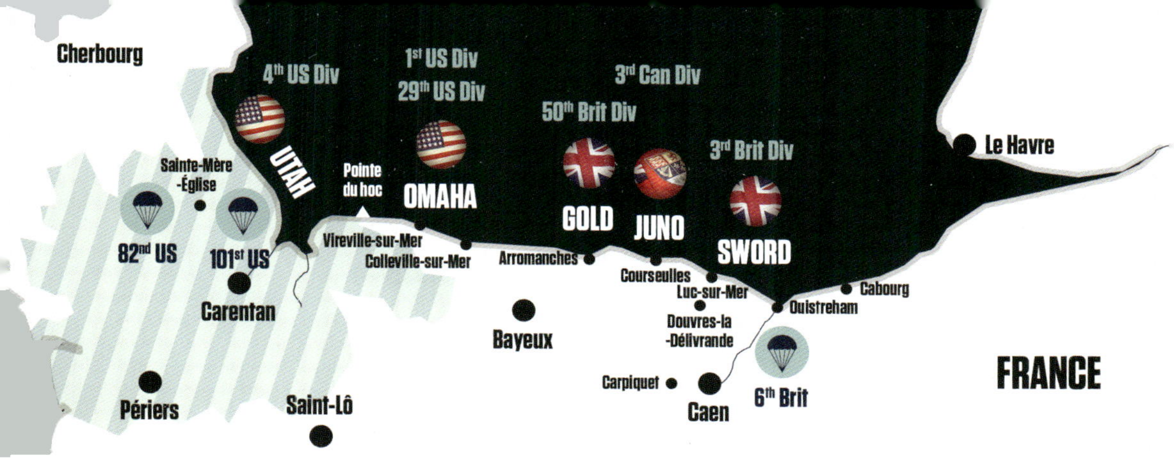

6 juin 1944 – C'est le Jour J. À l'heure H (6 h 30), une première vague de 156000 soldats, pour la plupart américains, britanniques et canadiens, attaque cinq plages codées Omaha, Utah, Gold, Juno et Sword, sur une côte de 80 kilomètres qui s'étend de la base du Cotentin à la ville de Caen. En quelques heures, elle va fissurer le Mur de l'Atlantique, une longue ligne de *bunkers* et de défenses côtières (construits par des travailleurs forcés sous la supervision de l'Organisation Todt) protégeant le front occidental du Reich, de la frontière espagnole jusqu'à la Norvège ! Pendant ce temps, Otis reste avec les 2744000 hommes qui attendent leur tour en Angleterre aux dépôts de remplaçants ou déjà affectés aux divisions de 13 nations alliées différentes. Il écrit à Julia le 10 juin : « *Je parie que tu as eu plus d'informations sur l'invasion que nous n'en avons eu ici. Nous sommes tous impatients de nous atteler à la tâche pour laquelle nous sommes venus, d'en finir et de rentrer chez nous. Il y a au moins quelques avantages à être stationné ici. Nous pouvons parler aux gens et nous faire comprendre, et c'est déjà quelque chose. Je suppose que je pourrai assez bien m'en sortir quand nous arriverons en France, mais là-bas, la situation sera bien différente. J'aimerais pouvoir te voir au moins un peu, te dire combien je t'aime et toutes ces choses, mais malheureusement nous devrons encore être un peu patients.* »

Malgré plus de 10000 pertes (tués, blessés, disparus et prisonniers) pour le seul 6 juin, en particulier sur la plage américaine d'Omaha Beach et la plage canadienne de Juno Beach ou dans les marais où les parachutistes ont été éparpillés, les Alliés ont mis le pied en Normandie.

Sur Utah Beach, le sort fut favorable à la *4th Infantry Division* : grâce à l'action des parachutistes dans les terres et à un bombardement efficace, les pertes furent relativement légères (197 tués, blessés et disparus). De plus, le courant a fait dériver les péniches d'assaut, initialement dirigées vers ces casemates imposantes du WN10 (*Widerstandsnest* ou « point d'appui » n° 10) à Saint-Martin-de-Varreville. La division débarquera dans un secteur moins défendu de la plage, entre les WN4 et WN7, face aux sorties de plage « La Grande Dune » et « La Madeleine ».

Cependant, les combats y dureront près de trois mois, avec des objectifs stratégiques tels que Cherbourg, Saint-Lô et Caen hors de portée : chaque haie du Bocage normand sera fermement tenue par les forces allemandes retranchées, causant plus d'un demi-million de pertes supplémentaires aux deux camps au terme de la bataille. Néanmoins, lorsque la ville clé de Carentan, reliant Utah et Omaha Beach à la base de la péninsule du Cotentin, tombe aux mains des Alliés le 12 juin, ceux-ci parviennent à sécuriser définitivement toute la tête de pont. Les renforts affluent déjà, comme prévu par le quartier général du théâtre d'opérations européen de l'*US Army* dès le 2 mai 1944 : la circulaire *Replacement Requisition No 49* estimait que pour le mois de juillet 1944, les unités combattantes et les services d'approvisionnement de l'armée auraient besoin de 1 617 officiers et de 25 555 fantassins remplaçants pour couvrir les pertes au combat du premier mois de l'invasion. Toutefois, les pertes réelles subies au cours de ces premiers affrontements (61 732 hommes) attestent de l'inexactitude des estimations, entraînant vite une importante pénurie de personnel...

La *4th Infantry Division*, que rejoindra bientôt Otis, débarquant sur Utah Beach le 6 juin 1944.

Otis fait partie des officiers embarqués en juillet pour rejoindre les 875 000 soldats déjà en Normandie et écrit sa première lettre depuis « *Quelque part en France* » le 11 juillet 1944 : « *Chérie, les choses évoluent rapidement ici une fois qu'elles se mettent en branle. Imagine ma surprise un matin de recevoir l'ordre de partir, pour une destination incertaine, et très vite, de me retrouver au bar sur un navire britannique à boire une bouteille de bière. C'était vraiment quelque chose après un mois sans bière. Quelques heures plus tard, nous débarquions d'un* landing craft infantry *(comme dans les films) sur la plage. Je n'ai pas envie que tu t'inquiètes, chérie, mais je pense qu'il est normal de te faire savoir que nous y sommes. Ne t'en fais pas ma chérie. Nous ne sommes pas encore au combat bien que, bien sûr, étant en France, nous en sommes beaucoup plus proches ! Tu sais, c'est la seule manière de résoudre ce bazar, foncer dans le tas et leur faire vivre l'enfer. Et d'ailleurs tu peux être sûre du fait que nous n'en ferons pas moins. Ce sont ces salauds qui ont causé la séparation de millions des nôtres et de nos familles, tous ces fichus efforts auxquels on a dû consentir, à traîner ces sacs qui nous brisent le dos, à ramper dans la boue et la vase et à vivre comme des porcs plutôt qu'en tant qu'êtres humains. Tu peux parier ton dernier dollar que nous leur ferons payer le prix fort quand nous leur tomberons dessus. Ensuite, nous pourrons tous retourner auprès de nos proches à la maison et passer le reste de notre vie comme bon nous semble. Au cas où tu ne recevrais pas de lettres de ma part aussi souvent que tu en as reçu auparavant, ne te fais pas de souci, dis-toi simplement que nous sommes occupés et que nous n'avons pas la possibilité d'écrire.* »

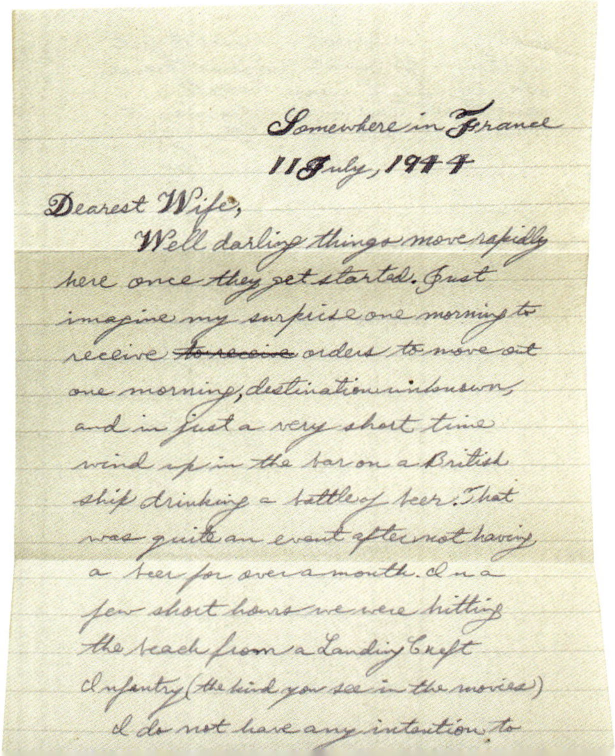
Somewhere in France
11 July, 1944

Dearest Wife,

Well darling things move rapidly here once they get started. Just imagine my surprise one morning to receive ~~to receive~~ orders to move out one morning, destination unknown, and in just a very short time wind up in the bar on a British ship drinking a bottle of beer. That was quite an event after not having a beer for over a month. In a few short hours we were hitting the beach from a Landing Craft Infantry (the kind you see in the movies) I do not have any intention to

Otis et son groupe sont reçus sur la plage par des représentants du *15th Replacement Depot*, puis conduits dans l'un des deux centres d'accueil. C'est une immense ville sous tente, où les soldats nouvellement arrivés, qui ne sont pas encore affectés à une unité particulière, reçoivent un repas chaud et un discours répété encore et encore par un officier : « *Vous n'allez probablement pas tous aller dans la même unité, ni même dans la même zone de combat. Tôt ou tard, votre groupe de renforts sera dissous, et les hommes qui le composent seront affectés à des unités déjà existantes (soit de combat, soit de service) selon vos spécialités ou formations particulières, ou les besoins du moment. Vous pouvez être sûrs d'une chose : vous allez entrer dans une organisation qui maîtrise les règles du jeu – une organisation dont la plupart des hommes sont des vétérans. Vous ferez partie d'une grande et belle équipe ; vous en ferez vraiment partie, et vous découvrirez que tout le monde sera prêt et désireux de vous initier aux choses dont vous ignorez encore tout.* » Cependant, au-delà de séparer des hommes qui se sont entraînés ensemble et qui se retrouveront parmi de parfaits inconnus, le système de remplacement est basé sur une vérité cruelle qui affectera profondément le moral des « bleus »... Une vérité qui n'est pas mentionnée dans le briefing de bienvenue de l'officier du dépôt : Otis et ses camarades prendront la place de leurs collègues tués au combat.

En attendant sa future affectation près de Sainte-Mère-Église (prise après de violents combats par les troupes aéroportées américaines de la *82nd Airborne Division*, larguées sur et autour de la ville dans la nuit du 5 juin), Otis décrit la vie en Normandie. Dans ses premières lettres, les 12 et 13 juillet, il raconte : « *On est plutôt pas mal ici, sauf que c'est parfois très bruyant.* [...] *Les conditions de vie ici sont très similaires à celles que nous connaissions en Angleterre. La météo est à peu près la même et sans tout ce boucan et tapage, on ne verrait pas la différence. Il fait encore froid et nous portons tout le temps nos vestes de combat par-dessus nos treillis. Je suis vraiment navré pour les pauvres paysans d'ici (les civils). Il ne reste que les très vieux et les très jeunes. Une bonne partie de leurs récoltes ont été détruites et ce n'est pas la question de la perte d'argent que représentent les récoltes, c'est surtout celle du manque de nourriture. Ils continuent à planter et à cultiver leurs champs alors que la ligne de front n'est qu'à quelques kilomètres. En fait, il y a encore quelques jours (plutôt quelques semaines), la première ligne était dans ce secteur. J'ai bu un peu de cidre hier soir. C'était du cidre fort que certains des gars ont acheté chez un des fermiers français du coin. Je n'ai bu que deux verres, mais il n'avait pas mauvais goût du tout. Ces gens ne veulent pas d'argent en échange de ce qu'ils nous offrent. Ils sont si heureux d'être libérés de la botte allemande qu'ils nous donneraient tout ce qu'ils ont. Bien sûr, ils ne peuvent pas se permettre de faire de cadeaux, car ils possèdent déjà si peu. En échange nous leur donnons du sucre, des petits paquets de bouillon ou du café de nos rations en conserve. C'est ce que nous mangeons depuis quelques jours. Les rations K (en carton) et C (en boîtes de conserve) ne sont pas si mauvaises quand nous avons la possibilité de les réchauffer.* [...]

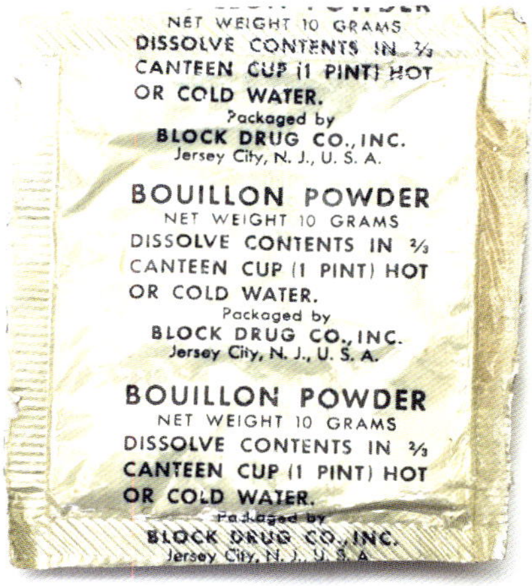

Sachet de bouillon (plein) de ration américaine, une des nombreuses monnaies d'échange du GI en Normandie.

Le billet français que je t'ai envoyé il y a quelques jours était de la monnaie d'invasion. Je veux dire par là qu'elle a été imprimée par les Alliés et remise aux troupes alliées qui ont participé au débarquement. Je vais joindre à cette lettre un des anciens billets français. C'est très différent, comme tu le remarqueras rapidement. C'est un billet de 100 francs et il vaut 2 dollars en monnaie américaine. Avant la guerre, le franc valait 20 cents. Maintenant, il vaut 2 cents. [...] *Et aussi un billet de 50 francs français. Il vaut 5 shillings en monnaie britannique ou 1 dollar dans la nôtre.* »

Le « billet drapeau » est fabriqué aux États-Unis pour remplacer celui édité sous l'occupation allemande et accompagner le projet de gouvernement militaire allié des territoires occupés (AMGOT). En effet, les Américains ne reconnaissent pas encore le gouvernement provisoire de la République française mené par le général de Gaulle (exilé en Grande-Bretagne) et se gardent d'ailleurs bien d'imprimer le terme « République française » sur ces nouveaux billets, ici remplacé par « France » (bien qu'apparaisse au verso la devise républicaine « liberté, égalité, fraternité » et le drapeau tricolore, donnant son nom à la monnaie). Qualifiés de « faux billets » par de Gaulle qui leur mènera la vie dure, ils perdront définitivement leur valeur marchande en 1947.

Dans ses lettres des 17 et 18 juillet, Otis en dit plus sur la vie en France : « *J'ai fait un tour en ville ces trois derniers après-midi pour acheter du steak de bœuf, des oignons, du pain et du fromage. La viande n'est pas rationnée ici, mais presque tout le reste est strictement limité. Bien sûr, c'est une région agricole, donc il y a beaucoup de viande, de lait et de fromage. Le pain est très rigoureusement rationné car il y a une pénurie de blé, les Allemands ont presque tout pris au peuple français en Normandie et l'ont soit renvoyé au pays pour nourrir les civils allemands, soit l'ont utilisé pour l'armée allemande. Ils volaient les meilleurs chevaux de trait et les utilisaient pour déplacer les pièces d'artillerie et tuaient le bétail pour l'alimentation. Les vaches que les fermiers ont maintenant sont toutes de jeunes bêtes. Je ne crois pas en avoir vu qui aient plus d'un ou deux ans. Ils ont laissé les civils à leur sort et ne se sont même pas souciés de savoir s'ils allaient mourir de faim. Je sais que tu as lu dans les journaux que beaucoup d'entre eux ont été fusillés parce qu'ils refusaient d'obéir aux ordres des Boches. La haine du peuple français pour les Allemands est des plus terribles.* [...]

Le GI, quant à lui, ne manque de rien. Il peut recevoir de la maison ce qu'il ne trouve pas dans ses rations individuelles *breakfast* (petit-déjeuner), *dinner* (repas du midi) et *supper* (repas du soir), pourtant déjà bien fournies : aux plats préparés (ci-dessous, dans la conserve à gauche, le fameux « jambon et œufs en morceaux ») s'ajoutent des biscuits (ceux présentés dans la gamelle ci-dessous ont été miraculeusement préservés dans la terre normande, dans le même secteur, près de Carentan, que la gamelle US et la fourchette), des sachets de café ou de jus de citron en poudre, des pâtes de fruits ou du chocolat, des chewing-gums et des cigarettes. Un petit paquet d'accessoires lui fournit papier toilette, pastilles d'halazone pour la décontamination de l'eau et allumettes pour son petit paquet de quatre cigarettes de ration (ensemble en bas à gauche).

Cartons de rations américaines, datés de 1943 et 1944, retrouvés en Normandie. Celui pour 10 rations (en bas) provient du secteur d'Utah Beach.

Les Français, en tant que peuple, sont très amicaux, très polis et aiment beaucoup avoir la visite d'étrangers. Cela fait partie de nos habitudes dans notre pays, donc nous nous entendons très bien avec eux. Je veux dire, ceux d'entre nous qui peuvent parler français. L'armée a distribué des petits livrets à tous les soldats pour qu'ils apprennent suffisamment de mots et de phrases en français pour exprimer leurs besoins en matière de nourriture ou autres. Les petits dictionnaires que l'armée nous a donnés ne sont pas complets du tout. Ils ne contiennent qu'un nombre limité de mots et de phrases qu'ils considèrent comme essentiels pour que nous puissions nous faire comprendre. [...] *Comme tu te souviens sans doute, j'ai étudié le français au lycée, mais c'était il y a très, très longtemps. Je savais lire, écrire et traduire assez bien, mais je n'ai pas persévéré depuis la fin de mes études en 1927. J'aurais dû continuer à apprendre, ça m'aurait été d'une grande aide aujourd'hui. Mais il me reste pas mal de souvenirs et je m'en sors très bien tant qu'ils parlent lentement. J'arrive à me faire comprendre quand j'essaie d'acheter des articles en ville, de me procurer du cidre et de parler avec les autochtones. Pendant qu'ils nous préparaient notre repas, nous avons parlé des Allemands et de la guerre. La dame nous a dit que les Allemands avaient pris toutes ses chambres à l'étage, presque tout son beurre, son lait et ses œufs et qu'ils ne lui avaient rien payé en retour. Elle était très énervée quand elle en parlait. Elle les appelait "les Boches". Elle parla des parachutistes et des soldats américains du Jour J qui se posèrent dans les champs et sur les routes avoisinantes. Elle dit que les Américains sont très courageux et que les Boches sont des lâches. Après que les parachutistes aient tué un grand nombre d'entre eux, elle a dit que les Boches ont dévalé les routes en criant "Finie la guerre, finie la guerre". Tout ça a été écrit dans les journaux, mais entre le lire et parler directement à ces gens maltraités par les Allemands, ça n'a rien à voir.* [...]

23 400 parachutistes furent largués ou déposés par planeurs en Normandie pour couvrir le débarquement par la mer. Ces reliques des combats de la *82nd Airborne*, l'une des trois divisions aéroportées de l'opération *Neptune*, ont été trouvées à Sainte-Mère-Église et Turqueville. On distingue en fond de la toile de parachute camouflée, par-dessus des boucles de harnais et sur la gauche une boucle de ceinture de planeur Waco et des fragments de toile de planeurs.

Les civils ici sont dans la même position que nous en ce qui concerne l'argent. Il n'a pas de valeur particulière puisqu'il ne peut pas être utilisé pour acheter ce que nous voulons. [...] *Ils se moquent pas mal de l'argent, mais ils ont très envie de sucre, de cigarettes et de savon pour le visage. La veille, j'ai payé 150 francs, ce qui équivaut à 3 dollars, pour de la viande. Le dimanche j'ai acheté plus de viande et de bien meilleure qualité pour deux paquets de cigarettes, trois pains de savon pour le visage, trois morceaux de sucre et deux paquets d'allumettes. En réalité, on en a à peine assez pour nous-mêmes. On reçoit des rations une fois par semaine si on a de la chance et qu'on est en mesure de les percevoir. Elles contiennent six paquets de cigarettes, un paquet plus deux bâtons de chewing-gum, quelques paquets d'allumettes et quelques rouleaux de Life Savers* [une marque américaine de bonbons à la menthe ou aux fruits]. *Nous n'avons pas reçu de savon du tout depuis que nous avons quitté l'Angleterre. En emmagasinant les articles rationnés qui nous sont distribués, nous pouvons recourir au troc et nous en sortir. Nous aurons quand même toujours le problème de la pénurie de savon. Est-ce que tu peux m'envoyer quatre ou cinq pains de savon par semaine environ, chérie ? Palmolive, Lux ou n'importe quelle autre sorte de savon, ça ira. Si tu avais pu voir cette vieille Française glousser en sentant le savon lorsque je lui ai tendu, tu aurais ri plus que moi.*

À gauche, un pain de savon de l'armée américaine, utilisé aussi bien pour se laver que pour la lessive ou la vaisselle. Il a la particularité de mousser dans l'eau gelée ou salée et son emballage imperméable peut être réutilisé par le GI pour protéger ses cigarettes, notamment. À droite, un savon civil Palmolive, daté de 1943.

Les rations que nous mangeons au mess [cantine des officiers] *sont correctes, chérie. J'espère que je ne t'ai pas donné l'impression que nous n'avons pas assez à manger parce que ce n'est pas le cas. C'est juste que nous en avons marre de manger ces maudites rations C et K tout le temps et que nous avons envie d'un bon repas pour changer.* [...] *Les journaux parlent des merveilleux plats que les troupes en France sont censées manger. Du poulet et toutes sortes de choses sont au menu si on se fie à ce que disent les journaux. Cependant, je n'ai encore rien vu d'autre que des rations C ou K, comme tu dois t'en douter. Elles sont assez bonnes et contiennent assez de nutriments pour nous permettre de garder la forme, mais un vrai repas fait maison sera un véritable délice après n'avoir mangé que ces rations pendant si longtemps.* »

Il ajoute les 19 et 20 juillet : « *J'ai acheté des souliers en bois pour toi, ma chérie* [...] *Je ne m'attends pas à ce que ces chaussures t'aillent (les Français ici en Normandie les appellent "sabots"), car tu ne voudras pas les porter de toute façon. Juste des souvenirs à conserver.* [...] *La dame dont le mari tient la boucherie* [Pierre Levallois, boucher au 3 rue des Écoles à Sainte-Mère-Église] *est la femme la plus formidable que j'ai rencontrée depuis que j'ai quitté les États-Unis. Elle a 45 ou 48 ans et était dans sa maison quand les Allemands et les parachutistes américains se battaient dans son jardin. Il y a des impacts de balles dans le mur et dans l'encadrement de la porte. La pauvre dame en a bavé.* [...]

Nous parlons souvent avec les paysans qui vivent près d'ici et ça nous rend malades de découvrir comment les Allemands ont traité ces pauvres gens. Ils ont fermé les écoles et s'y sont installés pour en faire des bureaux et ont pris aux civils les tables, les chaises, les lits et tout ce qu'ils voulaient. Ils n'ont rien payé pour tout ce qu'ils ont emporté. Les œufs sont très rares ici parce que les Boches ont pris les poulets et les ont mangés. Ils ont aussi volé beaucoup de leurs bovins. Une petite fille de huit ans était avec sa mère la nuit dernière quand nous étions à la porte de leur ferme pour essayer d'acheter des œufs. La dame a dit que son mari était prisonnier des Allemands depuis quatre ans. Plutôt dur, non ?

Elle a raconté que les Allemands se sont précipités dans sa cour quand les parachutistes et l'infanterie aéroportée ont atterri et que l'un d'eux a été tué juste devant sa porte. On a demandé à la petite fille si elle était là quand c'est arrivé. Elle a dit : "Oui, les Boches sont morts juste là. C'est bien. Très bien, les soldats américains ont tué beaucoup de Boches. Tant mieux." Imagine une petite fille de huit ans qui dit des choses comme ça et qui assiste à la mort, si jeune. Ça te donne une idée de la haine que les gens ont pour les Boches et je sais qu'ils les haïront toujours. »

À ce stade de la bataille de Normandie, les nouvelles semblent rassurantes. Tandis que les Américains ont isolé la péninsule du Cotentin et se sont emparés de l'important port de Cherbourg, l'importante cité de Caen (un objectif du Jour J pour la *3rd Infantry Division* britannique) est enfin entre les mains des troupes anglo-canadiennes de Montgomery : il a fallu attendre *Operation Charnwood* (8-9 juillet) pour capturer la banlieue et le centre-ville au nord de l'Orne et les opérations *Goodwood* et *Atlantic* (18-20 juillet) pour chasser les Allemands restants hors des banlieues au sud du fleuve.

Mais ces succès sont à relativiser face à l'écrasante poussée des Soviétiques en Biélorussie (l'opération *Bagration*) : lancée sur un front de 1 100 kilomètres le jour du troisième anniversaire de la trahison allemande à leur pacte de non-agression (22 juin), l'Armée rouge pulvérise 28 divisions en Lituanie, Pologne et Roumanie, libérant Minsk au passage et atteignant les abords de Varsovie. À l'issue de la bataille, les forces de Staline ne sont plus qu'à 500 kilomètres du Reich ! Le moral des Allemands en prend un coup et de nombreux officiers doutent maintenant de la victoire finale : le 20 juillet, Hitler est même la cible d'un attentat à la bombe raté dans son quartier général, planifié par certains de ses propres hauts gradés.

Malgré tout, la guerre est loin d'être terminée, et pour Otis, elle n'a même pas encore commencé.

AU COMBAT

Otis s'est lié d'amitié avec le fils de Mme Fortier, dont la ferme se situe à l'emplacement du futur cimetière temporaire américain n° 2 (aujourd'hui un centre commercial à Vaulaville, secteur sud-ouest de Sainte-Mère-Église). D'ailleurs, l'adolescent travaillera à l'entretien des tombes dans l'immédiat après-guerre. Quant à l'officier, il profite en ces derniers jours de juillet de ses ultimes instants de calme, attendant toujours son affectation dans une unité d'infanterie : « *Le temps devient un peu plus humide et assez frais comme chaque soir. Nous dormons très bien si nous ne sommes pas réveillés par les tirs des batteries antiaériennes. Lorsqu'elles se mettent en marche, on peut tout aussi bien renoncer à dormir car elles font un bruit d'enfer. Mais ça ne me dérange pas du tout, chérie, car je suis bien content de les avoir pour nous protéger. Il y a un jeune garçon de 14 ans qui s'est beaucoup attaché au lieutenant Fox et à moi-même. Il vient ici plusieurs fois par jour et nous lui apprenons à jouer au baseball. Il adore ça.*

Gant de baseball de l'époque, et balle de softball trouvée sur le camp américain de Mourmelon-le-Grand dans la Marne.

Sa famille a une ferme à proximité et il nous encourage toujours à aller chez lui pour partager ses repas. Ses parents sont de pauvres agriculteurs et ne peuvent pas se permettre de nous inviter à manger constamment [à cette époque, la famille Fortier fait en l'occurrence face à une invasion de doryphores ravageant leurs cultures de pommes de terre... En référence au pillage des récoltes par l'ennemi, les soldats allemands seront d'ailleurs secrètement qualifiés de « doryphores » par les Normands]. *Comme ils refusent catégoriquement toute compensation financière, nous n'y allons pas très souvent. Le petit garçon vient maintenant tous les matins avec du chocolat chaud et du pain beurré pour nous. Hier, sa mère m'a offert un foulard pour que je te l'envoie. Je lui ai dit que j'en avais déjà acheté un et que je te l'avais envoyé. Elle a insisté pour que je l'accepte et que je te fasse parvenir ce cadeau d'une dame française à ma "femme des États-Unis". Que faire avec des gens comme ça... Nous leur avons donné du sucre, du savon pour GI, des cigarettes et quelques petites choses comme ça, mais je sais que ces agriculteurs ont très peu d'argent.*

Le champ, sur la route départementale 15 reliant Sainte-Mère-Église à Utah Beach, où était stationné le dépôt de remplaçants d'Otis. Situé juste au nord-est du bourg, il ne fallait à Otis que 10 minutes pour rejoindre la place centrale à pied.

L'ancienne boucherie des Levallois, qui a été déplacée après-guerre par ses nouveaux propriétaires sur la place centrale.
Notez les impacts dans l'encadrement évoqués par Otis dans une lettre précédente !

Quand je suis passé devant le marché sur le chemin qui mène à la ville, M. et Mme Levallois m'ont arrêté et m'ont demandé si le lieutenant Fox et moi voulions bien venir dîner. Nous avons eu le plus merveilleux repas que j'ai mangé depuis longtemps. Ils nous ont d'abord servi du jambon grillé froid en tranches et du salami (non poivré) avec des œufs durs en tranches. Le plat suivant était un rôti de bœuf saignant avec des haricots verts, puis des petites pommes de terre frites entières dans du beurre. Nous avons eu deux sortes de pain, clair et foncé, et il était très très bon. Tout au long du repas, ils ont servi différentes sortes de vin. Pour le dessert, ils ont présenté d'énormes baies noires grosses comme le pouce avec de la crème fouettée très épaisse. Après cela, nous avons eu un gâteau des anges avec une sauce au caramel. Pour finir, nous avons pris un café, accompagné de Calvados, de Cognac et de Kirsch. Le Calvados est fait à partir de la distillation du cidre, le Cognac à partir de la distillation du vin et je ne sais plus comment on fait le Kirsch. Ces boissons étaient servies dans de petits verres et nous n'avions qu'une petite dose de chaque. Il aurait été dommage de gâcher un si délicieux repas en buvant trop après. Si quelqu'un m'avait dit il y a quelque temps que je profiterais d'un tel dîner dominical en France, je l'aurais trouvé fou ! Chérie, je ne sais pas si nous pourrons un jour remercier ces personnes de m'avoir si bien reçu, mais j'espère vraiment que nous aurons la possibilité de faire quelque chose pour eux. Si tu trouves un grand assortiment de bonbons au sucre d'érable (3 ou 5 livres), envoie-le-leur. Je suis sûr qu'ils n'ont jamais rien eu de tel et cela aiderait à les remercier pour leur gentillesse envers moi. [...]

Les nouvelles sont bonnes ces jours-ci et il semble évident que les Allemands vont bientôt devoir abandonner le combat. Nos troupes sont en train de saisir un grand nombre de leurs chars et de leurs camions qui sont tombés en panne. Les prisonniers capturés disent que le manque d'essence est la raison pour laquelle l'armée de l'air allemande n'est pas aussi présente. Ils ont beaucoup d'avions, de pilotes et d'équipages entraînés mais manquent d'essence pour les faire voler. De nombreux véhicules capturés sont flambant neufs et ont été convertis pour brûler d'autres combustibles au lieu de fonctionner à l'essence. Nos troupes seront bientôt sur les plaines au-delà de Saint-Lô et nous pourrons alors mettre les voiles pour Paris. [...] *J'ai revu un des soldats qui a débarqué ici avec moi. Il a été en première ligne, a été blessé, puis envoyé à l'hôpital pendant trois jours où il a reçu la* Purple Heart [médaille des blessés] *et il est maintenant de retour sur le chemin du front. Ça va plutôt vite, n'est-ce pas ? Il a dit que c'était vraiment un enfer là-haut et qu'il détestait y retourner. L'artillerie ennemie est ce qu'il y a de pire. Je peux imaginer ce qu'il ressent. Il a dit que ça ira mieux quand il y sera, mais le plus dur c'est d'y penser.* [...] *Je ne vais peut-être pas y être envoyé tout de suite car il y a un autre capitaine ici qui a eu le même type d'expériences de commandant de QG de bataillon et de commandant de QG du régiment et qui est ici depuis plus longtemps que moi. Il semble que les pertes au combat soient peu nombreuses pour ce type d'officiers, donc il se peut que je reste ici un peu plus longtemps. Bien sûr, on ne peut jamais en être sûr, mais pour l'instant on dirait que ça va se passer comme ça.* »

Le 2 août 1944, Otis est enfin affecté à la *4th Infantry Division* (surnommée *Ivy* pour le chiffre romain IV. De ce fait, puisque *Ivy* signifie « lierre » en anglais, l'écusson de la division en comporte quatre feuilles). Il la rejoint à Loges-sur-Brécey et est un remplaçant indispensable pour la division, car depuis le 6 juin, elle a déjà perdu 9 000 hommes au combat...

Débarquant comme première vague d'assaut sur Utah Beach le Jour J, elle a pris cinq casemates et un tronçon de trois kilomètres de la péninsule du Cotentin en moins de deux heures avant de réaliser sa jonction avec les parachutistes américains de la *101st Airborne Division* près de Sainte-Marie-du-Mont. Le lendemain, elle a relevé la *82nd Airborne Division* (isolée à Sainte-Mère-Église et au combat depuis 36 heures) et s'est dirigée droit vers Cherbourg, prenant au passage des villes et des forts le long de la côte, comme Montebourg, Quineville et les batteries d'artillerie d'Azeville et de Crisbecq. Le port de Cherbourg, un objectif critique pour les Alliés, tomba le 29 juin, après plusieurs jours d'assaut par les *Ivy Men* et les *9th* et *79th Infantry Divisions*. Mais la bataille de Normandie venait seulement de commencer et la *4th Division* participa ensuite à une attaque de grande envergure au sud-ouest de Carentan, entraînant de violents combats dans les haies près de Méautis, Sainteny et Périers, en tentant d'atteindre Saint-Lô. Chaque mètre de terrain était fermement tenu par un parachutiste allemand du *Fallschirmjägerregiment 6.*, camouflé dans les feuillages, certains avec des mitrailleuses MG 42 (capables de tirer 1 200 coups par minute), rendant la progression américaine extrêmement lente et coûteuse...

Cette relique de fusil M1 Garand, complètement rouillée et dont tout le bois a disparu, a été retrouvée à Méautis, lieu d'âpres combats, par où est passée la *4th Infantry Division* en route vers Sainteny. Utilisé par Otis (d'après ses lettres dans lesquelles il évoque son « fusil »), le Garand est l'arme standard de l'*US Army* et possède un avantage certain par rapport au fusil à verrou allemand : son système de chargement par « clips » de huit cartouches de calibre .30-06 (insérés par le haut du fusil et éjectés automatiquement une fois vides) lui offre une cadence de tir plus importante. Toutefois, la présence ici d'une douille percutée figée dans la chambre laisse penser que son propriétaire s'est débarrassé de son arme après qu'elle se soit enrayée en plein échange de tirs. Sont présentés à ses côtés des clips de munitions vides et un lance-grenades pour fusil Garand, également trouvés dans le secteur.

Au cours de l'opération *Cobra*, destinée à aider la *3rd Army* du général Patton à sortir de Normandie grâce à un important tapis de bombes le 25 juillet, la *4th Division* avait fait la une des journaux : le célèbre correspondant de guerre Ernie Pyle était embarqué avec ses troupes d'assaut. Les bombes alliées étant tombées trop près des *Ivy Men*, il a pu constater de ses propres yeux les effets du raid, mais son intensité était telle que le journaliste expérimenté n'a pas trouvé les mots pour le décrire : « *Notre ligne de front était marquée par de longues bandes de fumée colorée qui guidaient nos aviateurs pendant le bombardement massif. Les bombardiers en piqué ont frappé juste au bon endroit. Nous nous sommes tenus debout et nous les avons regardés descendre du ciel presque verticalement. Ils bombardaient à moins d'un kilomètre d'où nous étions. Ils sont venus en groupes, plongeant de toutes les directions, parfaitement synchronisés, l'un après l'autre.* [...] *L'air était rempli de bruits aigus et distincts de craquements de bombes, de déchirures des mitrailleuses des avions et de cris de leurs ailes fendant l'air en plongeant. C'était rapide et furieux, mais distinct. Et puis, peu à peu, un nouveau son a bourdonné dans nos oreilles, un son profond et enveloppant, sans notes – juste un gigantesque déferlement lointain d'un son maudit. C'était les bombardiers lourds.* [...] *Ils sont venus en procession constante et j'ai cru que ça ne finirait jamais. Ce que les Allemands ont dû penser dépasse l'entendement.* [...] *Puis nous avons été horrifiés par le fait que ces machines, haut dans le ciel et complètement indifférentes à nous, pointaient leurs bombes sur la ligne de fumée au sol... qu'une brise légère rabattait sur notre position ! Une panique indescriptible s'est emparée de nous.* [...] *On a plongé. Certains sont entrés dans une tranchée-abri. D'autres ont creusé des* foxholes *et des fossés et certains se sont logés derrière un mur de jardin – bien que l'on puisse se demander de quel côté serait le "derrière". J'arrivais trop tard pour l'abri. L'endroit le plus proche était un hangar à wagons à l'extrémité d'une maison en pierre. Le râle des bombes était tout près de nous. Je me souviens m'être jeté au sol, à plat comme dans les dessins animés où des gens sont aplatis par des rouleaux compresseurs à vapeur, puis de m'être tortillé comme une anguille pour passer sous l'un des wagons lourds de l'entrepôt. Un officier que je ne connaissais pas se tortillait à côté de moi. Nous nous sommes arrêtés au même moment, pensant en même temps que c'était sans espoir d'aller plus loin. Les bombes s'écrasaient déjà autour de nous. Nous nous couchions la tête légèrement relevée – comme deux serpents – en nous regardant l'un l'autre. Je sais que c'était dans nos esprits et dans nos yeux, de nous demander l'un à l'autre quoi faire. Aucun de nous ne le savait. Nous n'avons rien dit. Nous étions allongés, en nous regardant dans les yeux dans un appel à l'aide futile, nos visages à 30 centimètres l'un de l'autre, jusqu'à ce que ce soit fini. Il n'y a aucune description possible du bruit et de la fureur de ces bombes, si ce n'est pour dire que c'était le chaos, dans l'attente de l'obscurité. Le ressenti de l'explosion était sensationnel. L'air nous a frappés par centaines de vibrations continues. Nos oreilles bourdonnaient et sonnaient. On ressentait de rapides petites ondes de choc sur la poitrine et dans les yeux. Le son s'est enfin atténué et nous nous sommes regardés avec stupéfaction.* »

Bien que le groupe d'Ernie s'en soit sorti miraculeusement indemne, plus de 900 soldats alliés ont été tués et blessés lors de leur propre bombardement. Néanmoins, les Allemands furent abasourdis par la violence du raid et la *4th Division*, aux côtés des *9th* et *30th Divisions* sur ses flancs et soutenue par les chars des *2nd* et *3rd Armored Divisions*, joua un rôle crucial dans la percée hors de Normandie à Avranches. Bientôt, son *VII Corps* reçut l'ordre de prendre et tenir une ligne nord-sud à travers Villedieu, Saint-Pois et Mortain où, le 6 août, le *Generalfeldmarshall* Günther von Kluge allait lancer sur ordre d'Hitler l'opération *Lüttich*, une contre-attaque désespérée le long de la rivière Sée vers Avranches. Otis vient de rejoindre son *8th Regiment* deux jours plus tôt et connaît alors son baptême du feu (le régiment se battait pour la « colline 211 » entre Saint-Pois et Le Mesnil-Gilbert lorsqu'il fut alerté et reçut l'ordre de protéger les ponts sur la Sée). Heureusement pour Otis, c'est la *30th Infantry Division* qui encaisse le plus gros de l'attaque surprise des divisions *Panzer*, mais c'est toujours une rude entrée en matière pour l'officier inexpérimenté.

Un char léger M5 Stuart, suivi par une jeep et un autre Stuart, traversent la ville dévastée de Coutances. Située à 25 kilomètres à l'ouest de Saint-Lô, la ville est capturée le 29 juillet, dans la foulée de l'opération *Cobra*. Les Américains bifurqueront alors vers le sud pour foncer vers Avranches. Le casque américain ci-dessus, ramassé sur le champ de bataille et transformé après guerre en pelle à grain par un agriculteur (en soudant un fourreau pour manche sur le côté de la coque), a été trouvé dans ce secteur.

Dès lors, Otis travaillera au QG du régiment, avec les capitaines Willard Milby et James Haley (S-2 et S-3), ainsi que l'adjudant Lawrence Knecht (S-1). Il détaille son activité et explique ces termes militaires spécifiques à sa femme le 7 : « *J'ai fréquemment été envoyé au front et c'est la première opportunité que j'ai depuis plusieurs jours de t'écrire une lettre.* [...] *J'ai enfin terminé mon périple du dépôt de remplaçants à la* 4th Infantry Division, *puis au PC* [poste de commandement] *du* 8th Infantry Regiment *où j'ai été affecté. Je suis dans la compagnie de l'état-major du régiment et mon travail ici est dans la section S-3 (opérations tactiques) et S-2 (renseignement, informations sur l'ennemi). Je connais assez bien le travail de ces deux sections et je suis également familier avec le travail de l'adjudant du régiment. Il n'y a pas de postes vacants dans les trois sections que je viens de mentionner, mais en combat, il y a toujours beaucoup de travail à faire dans les sections de l'état-major régimentaire. C'est pourquoi ils ont décidé de me garder ici et je travaillerai dans toutes les sections où je peux être utile. En pleine bataille, elles fonctionnent 24 heures sur 24, tu peux donc comprendre pourquoi elles ont besoin de plus d'officiers en service.* [...] *Je ne commande pas la compagnie. Mes fonctions sont celles d'un officier de liaison. Je travaille dans la section S-1, 2 ou 3 quand on a besoin de moi ou je vais dans d'autres* Regimental Combat Teams *ou divisions opérant dans notre secteur et je leur donne la disposition de nos troupes, les plans d'attaque, de défense, etc. et je reviens avec des informations similaires de leur part. En tout cas, je suis toujours revenu jusqu'à présent. Parfois, quand je me rends aux PC avancés, je constate que c'est assez chaud là-bas, donc j'emmène toujours quelques fusiliers avec moi pour neutraliser les patrouilles ennemies et assurer ma sécurité. Ce n'est pas un sale boulot et c'est beaucoup mieux que d'être le commandant d'une compagnie de fusiliers. Ils sont en permanence sous le feu alors que moi je ne fais que passer. On subit occasionnellement des bombardements intenses,*

« Crest » du *8th Regiment*, attaché à la *4th Division.*

des tirs d'artillerie dans les PC avancés ou en chemin, mais ce n'est rien comparé à ce qu'ils subissent dans les compagnies de première ligne. [...] *Chérie, j'espère que tu ne t'inquiéteras pas trop pour moi, car tu ne devrais pas. Ce n'est pas très différent de ce que nous avons connu au dépôt de remplacement que je viens de quitter ou à l'échelon arrière de la division où j'ai passé quelques nuits, à l'exception du fait que nous sommes davantage exposés à l'activité aérienne et à l'artillerie de l'ennemi. Nous prenons toutes les précautions possibles en matière de sécurité et tu peux être sûr qu'il ne m'arrivera rien qu'il est possible d'éviter. Nous creusons de bons* foxholes *bien profonds, nous recouvrons le dessus avec du bois massif et beaucoup de terre. Cela nous protège de l'artillerie et des éclats de bombes. Ces derniers temps, les avions ennemis ne sont actifs ici que la nuit, et même là ils ne sont pas nombreux. Si nous observons une discipline stricte en matière de* black-out, *nous nous en sortons bien, car l'ennemi ne sait même pas où nous sommes. Tu vois donc que tout va bien. Nous massacrons l'ennemi à chaque fois que nous le rencontrons.* [...] *À partir de maintenant, quand tu m'écriras, n'oublie pas d'utiliser l'adresse suivante : "Capt. Otis C. Hewett, HQ & HQ Co. 8th Inf., APO #4, c/o Postmaster, New York City, NY". Je vais devoir te quitter maintenant, chérie, et prendre mon petit-déjeuner. Il est maintenant 7 h 15 du matin et je ne veux pas être en retard pour le mess. Ce n'est pas une bonne idée d'être en retard, car tu n'as plus rien à manger. Et ce n'est pas seulement ça, chérie. Le Vieil Homme* [colonel Rodwell] *sera bientôt là et n'appréciera pas de me voir écrire des lettres personnelles pendant mon service au PC !* »

Somewhere in France
7 August, 1944

Dearest Judy,
I have been moving up towards the
front quite frequently and this is the

Capt. O. C. Hewett 0382688
Hq + Hq Co. 8th Inf. APO #4
c/o Postmaster, New York City
New York.

AUG 9 1944 4
ARMY A.P.O.

POSTAGE
VIA AIR MAIL
6¢

Page de droite : représentation de l'uniforme de combat standard qu'Otis portait au début de la campagne de Normandie. Par-dessus sa chemise d'officier et son pantalon en laine, sa veste M41 (avec écusson cousu d'origine) et son pantalon de treillis HBT imprégné contre les gaz (qu'il jettera, car trop chaud) ne le distinguent pas des hommes de troupe. Seuls ses insignes de capitaine et son étui pour pistolet indiquent son statut d'officier, mais ce dernier a habilement camouflé ces indices pour éviter d'être pris pour cible : comme expliqué dans la lettre ci-dessous, Otis retournera le grade sous son col de chemise, et celui sur le devant de son casque est déjà partiellement masqué par un filet et de la toile de jute, destinés à casser la forme typique du casque M1 et le fondre dans le Bocage. Remplacer la carabine M1 typique des officiers par le fusil Garand standard est également un bon moyen de passer inaperçu... Dans son brêlage, il a glissé une ration K dont le modèle d'emballage coloré (produit à partir de mai 1944) fait une apparition tardive dans la campagne.

Le 13 août, la contre-attaque allemande est stoppée (au prix de 2000 à 3000 morts américains) et les assaillants épuisés font marche arrière, poursuivis par les Alliés dans une course continue qui les poussera soit dans le piège de Falaise, où la campagne de Normandie s'achèvera, soit jusqu'au *Vaterland* ! La situation tactique progresse si rapidement que le poste de commandement de la division est déplacé dans 14 sites différents en un seul mois. Otis écrit depuis Désertines, dans la Mayenne, au sud de la forêt de Domfront : « *Nous nous enfonçons maintenant beaucoup plus profondément en France où le climat est beaucoup plus chaud. Je porte rarement ma veste de combat maintenant, sauf tard le soir et au petit matin. Je ne porte plus non plus mon treillis imprégné contre les gaz par-dessus mes OD* [*olive drab*, la couleur de la chemise et du pantalon en laine des GI] *car il me tenait trop chaud. Je ne porte plus que des sous-vêtements d'été avec ce pull marron que tu m'as offert il y a longtemps pour mon anniversaire et ma chemise et mon pantalon en laine par-dessus. J'ai retourné mon insigne de capitaine* [ci-contre] *sous le dessous de mon col pour qu'il ne soit pas visible de l'extérieur. S'il est porté de la manière traditionnelle sur l'extérieur du col, il attire l'attention des tireurs d'élite allemands qui aiment bien s'en prendre aux officiers.*

Dinner
D
RATION TYPE K

Judy, je veux que tu saches que c'est un grand honneur pour moi d'être affecté au 8th Infantry. *C'est une excellente unité qui fait partie d'une excellente division. Elle a un excellent palmarès et marque l'histoire militaire ces jours-ci. Chaque homme et chaque officier a le plus grand respect pour le Vieil Homme (le commandant du régiment) et la plus grande confiance en lui. Je te joins quelques extraits du* Stars and Stripes, *notre "journal de l'armée", écrits par Ernie Pyle lorsqu'il était avec le régiment. Il a fait un travail formidable en racontant l'histoire de cette organisation lorsqu'il était avec nous* [cf. article sur l'opération *Cobra* retranscrit quelques pages plus tôt]. *La plupart des hommes et des officiers ici présents ont participé à l'action décrite dans l'article et connaissent Ernie personnellement. Ils en parlent tous en bien et estiment qu'il a fait un excellent boulot en se hissant suffisamment près de la première ligne pour recueillir ces témoignages. Les seuls éléments de troupes amies entre lui et les Allemands étaient les compagnies de fusiliers sur la ligne de front et parfois il était carrément avec eux.* [...]

À plusieurs reprises, notre division a pris et tenu des routes et des villages pour que les 2nd *et* 3rd Armored Divisions [blindées] *puissent se lancer à l'assaut des lignes ennemies. Parfois, elles ont échoué et nous avons dû empêcher les Allemands de mener des contre-attaques qui les auraient anéanties, car nos colonnes blindées se sont retirées, trouvant la résistance allemande trop acharnée pour elles. Parfois, notre infanterie qui chevauchait leurs chars devait en descendre pour combattre les fantassins allemands dans leurs tranchées, d'où ils pouvaient détruire nos blindés avec des mines antichars, des grenades et ce genre de choses. Tu comprends, ma chérie, les chars ne peuvent pas tuer un soldat d'infanterie dans un* foxhole *bien construit. Ils se contentent de passer dessus, pendant que le soldat se cache au fond du trou pour ensuite surgir tel un diable sortant d'une boîte à surprises et mettre feu au char avec une grenade collante, un bazooka ou une mine. Si nous avions des* foxholes *portables, nous serions tranquilles, mais souvent nous ne disposons malheureusement que de très peu de temps pour les creuser en avançant.* [...]

Dessin de Bill Mauldin tiré du *Stars and Stripes*, envoyé par Otis avec une de ses lettres : « *Able Fox Five* à *Able Fox*. Nous avons une cible, mais il va falloir être patient ! »
Le sergent Bill Mauldin était lui-même un soldat (de la *45th Infantry Division* en Sicile et en Italie) doué d'un certain talent pour dépeindre la réalité de la vie sur le front. Ses personnages de cartoons Willie et Joe, fatigués des combats et archétypes du GI, apparaissaient dans de nombreuses publications. Bien qu'ils offensent certains officiers, ils étaient très appréciés des *regular Joes* qui se reconnaissaient dans toutes les situations comiques mais sinistres dans lesquelles les personnages se trouvaient. L'un de ses dessins a valu à Bill Mauldin le prix Pulitzer, faisant de lui la plus jeune personne à le recevoir, à 23 ans.

Les nouvelles sont très encourageantes ces jours-ci. Il se pourrait que nous entrions dans Paris dans une semaine. Je pense que l'armée allemande est déjà battue. Le seul hic, c'est qu'ils ne le savent pas encore. Ils se battent comme des diables chaque fois que nous les rencontrons. Toutefois, le soldat américain est meilleur que l'allemand. Nous l'avons prouvé à maintes reprises en les battant à plates coutures à chaque fois que nos forces les ont affrontés. Ce régiment a capturé plus de prisonniers allemands que tout son effectif d'officiers et d'hommes pour ne rien dire des Allemands tués et blessés au combat. [...] *Les troupes américaines poursuivent les Allemands rapidement vers le centre de la France et ces derniers se replient à toute vitesse, n'offrant que très peu de résistance. Ils bombardent les villes et les villages pendant leur retraite et laissent parfois derrière eux des tireurs d'élite, des chars et beaucoup de mines et de* booby-traps [objets ou corps piégés à l'explosif]. *Nous devons être très prudents et ne jamais ramasser du matériel, des armes ou quoi que ce soit d'autre abandonné, sinon nous risquons de rencontrer notre créateur très soudainement. Je ne suis pas un chasseur de souvenirs, ma chérie, et je n'ai aucune envie de récupérer ce que les Boches ont laissé derrière eux.*

Notre équipement et nos armes sont les meilleurs du monde et si nous transportons tout ce que nous sommes censés emporter, nous n'avons ni la place ni l'ambition de collectionner des souvenirs allemands. [...] *Je crois avoir déjà dit dans des lettres précédentes que nous voyons rarement, voire jamais, un avion allemand en plein jour. Mais Jerry* [surnom pour désigner les Allemands] *ne rate jamais une soirée. Il semble venir ici régulièrement entre 22 h 15 et 22 h 30. Nous l'avons surnommé* Bed Check Charlie [« Charlie qui vient nous border »]. *Bien sûr, nous savons que ce n'est pas le même avion qui vient chaque nuit quand nous nous déplaçons d'une région de France à une autre. Cependant, nous nous disons toujours en souriant chaque matin : "Ce bon vieux* Bed Check Charlie *a encore passé la nuit dernière dans sa machine à laver volante". C'est devenu une blague récurrente, mais pas vraiment drôle. Il fait nuit ici à 10 heures du soir et tous ceux qui ne sont pas de service sont déjà couchés. Nous ne lésinons pas sur les moyens pour assurer le* black-out *chaque nuit. Je pense que si le vieux* Bed Check Charlie *voyait la moindre lumière, ce serait le début du feu d'artifice. Nous n'avons aucune intention que cela arrive.* »

Le jeune André Bourlier (au milieu), dont la ferme est occupée par des GI de la *4th Infantry Division*, prend la pose en août 1944 avec ses frères et sa sœur sur un *Bed Check Charlie* allemand, en panne d'essence, qui s'est écrasé non loin de Carrouges. L'auteur du cliché, à droite, n'est connu par les petits Bourlier que sous le pseudonyme « Papillon » : c'est un Parisien évadé du STO (déporté au *service du travail obligatoire* en Allemagne)...

LES « SALOPARDS ALLEMANDS »

Mi-août, lorsque les forces britanniques et canadiennes au nord avancent sur Falaise depuis Caen au prix de milliers de pertes, les Américains livrent au sud une bataille de huit jours pour Argentan contre des troupes *Panzer* d'élite et des SS. Pendant ce temps, le régiment d'Otis s'est installé dans une zone de concentration à l'ouest de Carrouges (au nord-ouest d'Alençon) pour quelques jours d'entraînement tactique et technique, d'entretien et de nettoyage, et un court repos avant la prochaine grande offensive. Il écrit le 17 et le 18 : « *Il fait toujours beau, ce qui est très appréciable. C'est excellent pour notre armée, mais pas pour les Allemands. Nous avons percé la ligne partout ces derniers temps et nous en avons tiré le meilleur parti. Les Allemands, comme tu le lis dans les journaux, sont maintenant engagés dans une véritable course contre la montre pour échapper à notre étau. L'armée de l'air les pulvérise chaque fois qu'elle les aperçoit sur les autoroutes et nous leur mettons la pression de tous les côtés.* [...]

Plus je découvre ce pays et ses habitants, plus il me plaît. Ils ont terriblement souffert ici, mais malgré tout, ils sont si bienveillants, gentils, courtois et serviables qu'il est impossible de ne pas les aimer. [...] *J'ai vu très peu de filles de 18 à 25 ans, mais j'ai vu quelques jeunes hommes de cet âge. Beaucoup d'entre eux font partie de la Résistance française et causent beaucoup de difficultés aux Allemands tout en aidant considérablement nos troupes. J'ai parlé quelques minutes avec l'un d'entre eux ce soir. C'était un type charmant d'environ 23 ans qui avait fait ses études dans une université de Paris. Il déteste profondément les Allemands car ils ont été durement maltraités par eux. J'ai aussi discuté avec un homme d'une soixantaine d'années qui a vécu à Paris. Il m'a dit que les gens là-bas sont gravement sous-alimentés et en sous-poids, avec des visages amaigris, des joues creuses et des yeux enfoncés. Il a ajouté que ce sont les femmes, les bébés et les jeunes enfants qui souffrent le plus. Ils nourrissent ceux qui sont en mesure de travailler pour qu'ils puissent faire des travaux forcés. Je suis très heureux que notre bébé ne vienne pas au monde dans de telles conditions, privé de nourriture et de nutriments essentiels pour développer un corps solide et devenir un enfant normal et en bonne santé. C'est terrible de penser que des enfants peuvent grandir dans de telles circonstances. La partie du pays où nous sommes maintenant est plus proche de Paris. C'est une région agricole et les gens d'ici ont suffisamment de provisions. Ils cultivent les produits fermiers qui approvisionnaient Paris avant la guerre. Quand les Allemands ont occupé le pays, ils ont pris presque toute la nourriture pour leur armée et en ont renvoyé une grande partie en Allemagne. Les Parisiens ont reçu très peu de vivres et ont été obligés de payer un prix énorme pour les rares choses qu'ils ont pu obtenir. Il est peut-être très difficile de croire que les Allemands sont capables de faire de telles choses et de traiter les gens de cette façon, mais ça ne nous étonne pas du tout, car nous l'avons vu de nos propres yeux et nous savons que c'est vrai. J'espère qu'on leur fera payer cher pour tout ça, mais ça ne compensera pas les souffrances que ces populations ont endurées au cours des quatre dernières années. Pourtant, ça n'a pas brisé leur moral et ils sont toujours très fiers de leur nation, et ils ont bien raison de l'être.* [...]

Nous avons lu des articles au sujet de nouvelles grèves chez nous et je peux t'assurer que ça nous rend furieux de découvrir que de telles choses ont lieu au moment où les plus grands efforts de toute la nation sont nécessaires pour vaincre rapidement l'ennemi. Je me demande si ces travailleurs auraient envie de faire la grève s'ils étaient à notre place. Il n'y a pas de repos à proprement parler ici. Cette division se bat tous les jours depuis le débarquement du 6 juin et n'a eu qu'une seule période de répit de cinq jours où elle n'a pas eu à combattre. Elle travaille jour et nuit plusieurs jours et nuits de suite et on a de la chance si on peut dormir 4 ou 5 heures sur une période de 24 heures. Nombre d'entre nous donnons tout ce que nous avons et beaucoup font le sacrifice suprême sans jamais se plaindre. On ne peut tout simplement pas comprendre que des travailleurs de chez nous fassent grève et immobilisent la production d'équipements essentiels parce qu'ils aimeraient être payés quelques centimes de plus par heure. J'aimerais parfois qu'ils échangent leur place avec les hommes qui combattent ici en France. En y réfléchissant bien, je n'aimerais finalement pas avoir de tels individus dans notre organisation. Ces gars ne vaudraient pas un clou au combat. Les erreurs coûtent cher ici et si un homme ou plusieurs ne font pas leur job sur le champ de bataille, cela peut entraîner la mort de milliers de personnes. Si de tels individus étaient plus nombreux, la guerre pourrait bien durer une année de plus. Mais je suis ravi de constater qu'il n'y a pas d'homme de ce genre ici et que nous faisons tous tout ce qui est en notre pouvoir pour terminer le boulot avant l'hiver ! Nous les avons mis en fuite à présent et nous allons les poursuivre sans leur laisser la possibilité de se réorganiser, de préparer leurs défenses et s'installer dans leurs positions, car quand ils en ont la possibilité ils opposent une résistance farouche et ils sont toujours capables de faire un bon coup à tout moment, ne t'y trompe pas ! Eh bien ma chérie, je crois que ça m'a vraiment mis en colère. En tout cas, ça me fait du bien de vider mon sac. [...] *Je suis en train de préparer un colis de souvenirs allemands que je vais t'envoyer, ma chérie. Tu les trouveras peut-être intéressants. J'espère pouvoir envoyer le paquet demain matin si rien d'inattendu ne se produit. J'y mettrai un casque allemand, une baïonnette et un fourreau, une paire de jumelles* [Otis les gardera finalement et les utilisera sur le terrain car il n'en a pas perçu], *une boucle de ceinture, un morceau de bande de mitrailleuse, une gourde et une lampe de poche. On les a confisqués aux prisonniers.* »

Les « chasseurs de trésor » américains étaient très friands de pistolets Lüger d'officiers allemands, de poignards des Jeunesses hitlériennes et de brassards nazis. Mais à mesure que les mois passaient, les biens les plus recherchés étaient surtout comestibles : pour le GI, le contenu des rations allemandes et tout produit frais ou exotique, au-delà de satisfaire sa curiosité, était un complément bienvenu aux rations K. Ci-dessous, un cigare allemand « libéré ».

Le QG d'Otis à Carrouges, aujourd'hui une supérette et un restaurant, avec en arrière-plan l'église évoquée dans la lettre suivante.

Lorsque la *1st Armoured Division* polonaise au nord et la *90th Infantry Division* américaine au sud font leur jonction près de Chambois le 19 août, environ 50 000 soldats allemands sont pris au piège dans la poche de Falaise (au moins 10 000 d'entre eux seront tués). Cependant, beaucoup ont réussi à s'échapper à travers le « couloir de la mort » et à franchir la Seine. Malgré leur défaite en Normandie et un nouveau débarquement allié dans le Sud de la France, les Allemands les plus fanatiques sont toujours confiants en leur victoire finale. Après 11 semaines de combats acharnés, la haine atteint son paroxysme dans les deux camps, comme l'écrit Otis depuis son QG à Carrouges le 20 août : « *Je suis allé à la messe à l'église catholique du village près de notre PC aujourd'hui. Le service était tenu par un aumônier de l'armée.* [...] *C'était une chance que l'aumônier de l'armée soit là pour célébrer la messe, sinon je suppose qu'il n'y en aurait pas eu. Le maire de la petite ville et le prêtre ont été tués en enterrant trois soldats allemands morts au combat ici. Les Allemands avaient piégé les corps à l'explosif et le maire a été tué et le prêtre grièvement blessé en déplaçant les corps.*

Les Allemands sont capables des pires atrocités imaginables pour causer des pertes parmi nos hommes et nos officiers. Souvent, les civils sont blessés parce qu'ils ne sont pas formés pour détecter les pièges ou les mines. »

Effectivement, au hameau de La Fosse sur la commune de Saint-Martin-l'Aiguillon (juste au nord-ouest de Carrouges), le maire Léon Jourdan a été tué par un explosif improvisé, installé sur leurs propres hommes par des éléments de la *2. SS-Panzerdivision Das Reich* (déjà tristement célèbre pour ses massacres de civils en Yougoslavie, à Minsk, à Tulle et à Oradour-sur-Glane), en retraite face à la 2e division blindée française libératrice de Carrouges. Toutefois, aucun prêtre ne figure parmi les victimes. La confusion d'Otis et la messe tenue par l'aumônier américain s'expliquent sûrement par la mort de l'abbé Ruel du village de Rânes (à 10 kilomètres au nord de Carrouges), tué par une bombe six jours avant cette lettre.

L'autel de l'église de Carrouges, où eut lieu la messe tenue par l'aumônier de l'armée américaine.

L'endroit précis où M. Jourdan (ci-dessus) fut tué par un piège explosif, en tentant de déplacer des corps allemands.

Un habitant du hameau de Bray témoigne de la scène à la Fosse : « *Nous sommes le 18 août 1944. M. Gauchard, habitant le hameau de La Fosse, remarque vers 10 heures une odeur nauséabonde provenant du chemin reliant le village de Bray à celui de La Fosse. En se déplaçant il voit dans ce chemin trois cadavres de soldats allemands en état de décomposition. Il avertit aussitôt le maire, M. Jourdan Léon. Ce dernier vient vers 13 heures sur les lieux avec M. Durand Honoré, cantonnier, et M. Gravier, tous habitant le bourg. Celui-ci a récupéré son cheval attelé sur un tombereau pour emmener les corps au cimetière de la bourgade. Messieurs Jourdan et Durand soulèvent le premier corps afin de le charger dans le tombereau, mais celui-ci est piégé par un engin de guerre (mine ou grenade ?). Il explose aussitôt, tuant M. Jourdan sur le coup et blessant grièvement M. Durand qui décèdera des suites de ses blessures à Haleine le lendemain. Sous la violence de l'explosion, M. Gravier perd l'usage de son ouïe pendant 8 jours. Son cheval affolé s'enfuit et aura toutes les peines du monde à le retrouver. Le corps de M. Jourdan est ramené à son domicile au bourg par une jeep américaine.* » [témoignage de M. Roger Radigue recueilli par Joël Papillon]

Le 27 juillet, Otis témoignait déjà de ce genre d'événements, comme le montre cet extrait d'une lettre écrite à Sainte-Mère-Église : « *Hier soir, j'ai vu une petite fille française de 15 ou 16 ans et jolie comme une poupée. Elle avait un bandage autour de la jambe car son pied avait été arraché juste au-dessus de la cheville par une mine allemande il y a quelques jours. C'est terrible ce que ces démons ont fait à ces pauvres civils. Imagine, une jeune fille comme ça qui passe le reste de sa vie dans cet état.* » Otis continue dans sa lettre du 20 août : « *Je me demande ce que tu penseras en recevant les souvenirs allemands alors que j'avais justement écrit que je n'en enverrais pas ? Il n'y avait aucun danger à récupérer ceux que j'avais envoyés. Il n'y a rien à craindre à les prendre à des prisonniers vivants. Ce qui est risqué, c'est de les ramasser sur le champ de bataille ou sur des Allemands morts. On dit qu'un bon Allemand est un Allemand mort et je le crois vraiment. Au début, cette unité ne faisait pas de prisonniers allemands. Le Jour J, ils ont trouvé cinq de nos parachutistes pendus dans une grange et transpercés à la baïonnette, alors ils ont tué tous les Allemands qu'ils ont rencontrés. Il y a encore beaucoup de prisonniers qui partent à l'arrière sous bonne garde et qui n'atteignent jamais leur destination. Essaie d'imaginer si tu peux ce que nos gars ressentent quand un foutu sniper allemand caché dans une haie ou une autre planque descend huit ou dix de leurs copains. Puis, une fois qu'il est encerclé, isolé et que nos bazookas le manquent de peu, il sort les mains en l'air en criant* Kamerad ! Kamerad ! *Crois-moi, ils n'ont pas beaucoup de pitié pour lui. Ils détestent les snipers plus que tout et je les comprends parfaitement.* [...]

Deux « snipers » (en fait, de simples tireurs isolés) se rendent à un policier militaire américain à Lignières-la-Doucelle (entre Carrouges et Le Mans) le 15 août 1944.

Hier soir, j'ai vu des photos prises par un jeune sous-officier allemand. Il y en avait un bon nombre. Je dirais une cinquantaine. Elles commençaient en 1938, le montrant avec son escouade, et se poursuivaient jusqu'en 1943. C'était plus ou moins un historique, pour ainsi dire, de son activité et cela s'est avéré très intéressant. C'était un type assez beau, mais il avait une expression cruelle dans les yeux et sur ses lèvres. Il était membre des troupes SS et portait un grand brassard au bras avec une croix gammée très proéminente. Certaines scènes montraient des images de batailles et d'autres des ponts de chemin de fer qu'ils gardaient, apparemment. D'autres encore montraient les tombes de ses camarades tués au combat. Sur chacune d'elles, il y avait des listes de noms avec des dates. Quelques noms particuliers comme Ernst et Eric te font penser à certains des films que nous avons vus. Une photo prise en Russie nous a donné une très bonne idée du personnage. Sur cette photo, il y avait huit civils russes qui avaient été pendus. En fait, ils l'étaient toujours sur la photo, suspendus à un long poteau et à une quinzaine de mètres en l'air, la tête penchée du côté où les nœuds étaient serrés juste sous l'oreille. Sous les victimes se trouvaient quelques officiers allemands et ce sous-officier avec certains de ses camarades. Ils fumaient des cigarettes et souriaient nonchalamment comme pour dire : "C'étaient des ennemis de la Patrie, c'est ce à quoi peuvent s'attendre tous ceux qui s'opposent à la volonté de notre chef". Nous avions pitié de ces pauvres civils sans défense pendus là dans leurs vêtements de fortune et l'un d'entre eux était une femme. C'est ce type d'ennemi que nous combattons. Ils étaient extrêmement cruels lorsqu'ils maniaient le fouet sur les peuples des pays conquis. Maintenant, certains de ces derniers leur rendent la monnaie de leur pièce grâce à la Résistance et j'espère qu'ils n'iront pas de main morte. Je suppose que les victimes montrées sur la photo avaient soit violé une règle des Allemands, soit refusé de donner des informations ou quelque chose dans le genre. Ils ont peut-être été tués comme otages pour faire respecter la discipline parmi les gens de cette communauté. Il n'y a aucun moyen de le savoir, mais cela te donne une idée du type d'hommes (si on peut les appeler ainsi ?) que sont ces nazis.

Ce liner américain en fibres,
qui trouve sa place dans le lourd casque d'acier du GI,
a été retrouvé à Saint-Samson, une commune proche de Carrouges.
Il a la particularité de porter à l'avant un insigne de la *4th Infantry Division*,
encore bien visible. Son propriétaire, dont le nom commence par la lettre B,
a inscrit son *laundry number* B-309(?) composé des quatre derniers chiffres
de son matricule. Malheureusement, cette
information est insuffisante pour
l'identifier formellement…

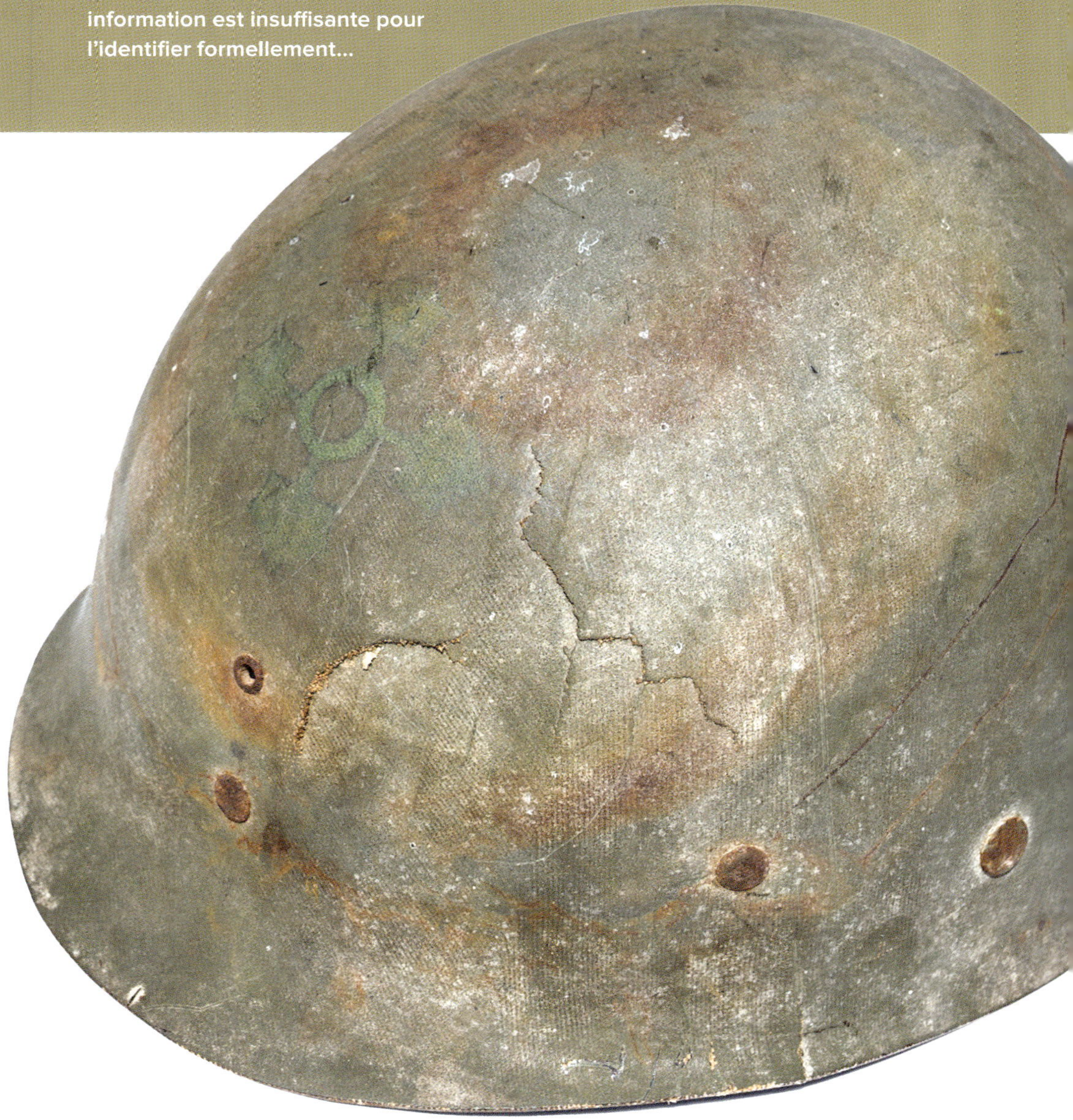

Sur les murs de cette grange de Carrouges, occupée le 20 août 1944 par des hommes de la *4th Infantry Division*, un amateur d'avions P47 Thunderbolt et P51 Mustang a laissé ces graffitis signés de son nom : Robert McMillin. Le *Staff-Sergeant* de 25 ans, originaire de Vandergrift en Pennsylvanie, servait au *44th Field Artillery Battalion* alors rattaché au *22nd Regiment* de la division.

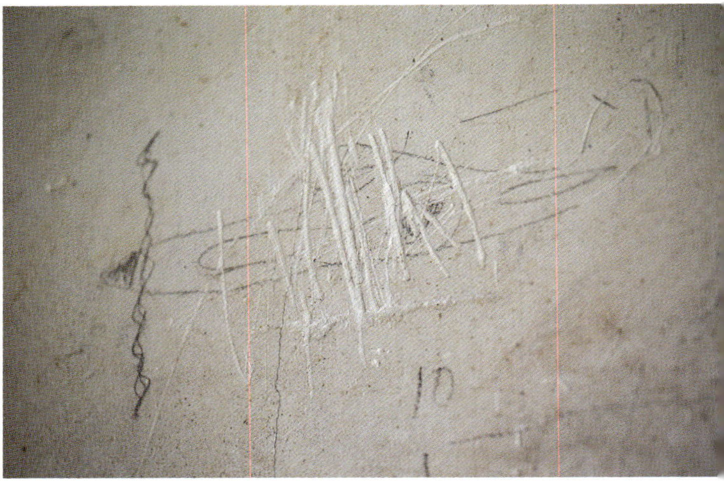

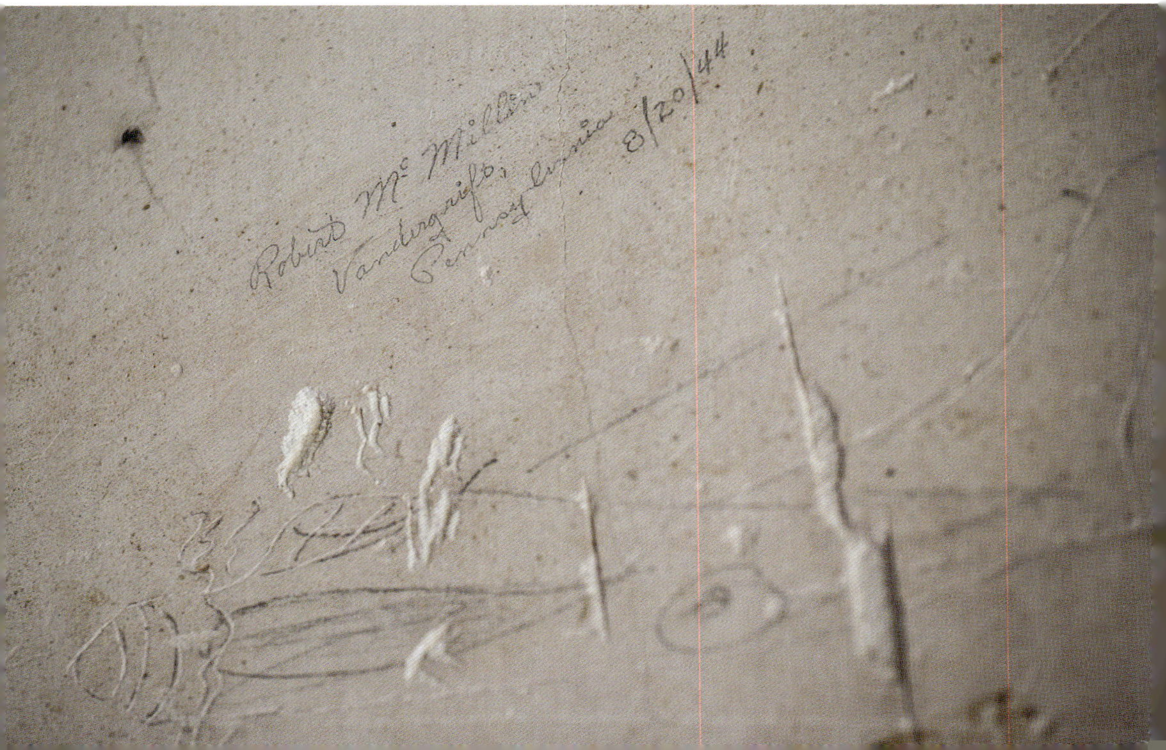

Nous sommes tranquilles depuis deux ou trois jours. Les hommes nettoient leurs armes, réparent les véhicules et l'équipement, lavent leurs vêtements et se reposent en attendant une nouvelle occasion de se mesurer aux Boches. Nous ne savons pas exactement où et quand nous les attaquerons à nouveau, mais nous espérons que ce sera bientôt. Nous sommes tous impatients de profiter de notre avantage actuel, acquis au prix de combats extrêmement durs et de sacrifices considérables, pour remporter une victoire rapide. Nous serons très heureux le jour où nous aurons libéré toute la France. Je pense que si nous y parvenons avant l'hiver, l'armée allemande s'effondrera et se rendra. Nous espérons tous que cela sera le cas et je le crois sincèrement. Si nous continuons comme nous l'avons fait depuis le Jour J, je pense qu'il n'y a aucun doute sur le fait que la victoire sur l'armée allemande sera nôtre. Cela, bien sûr, à condition que les Russes continuent à fournir l'excellent travail qu'ils ont accompli. Nous nous demandons tous ce qui se passera après cela. Certaines unités resteront dans l'armée d'occupation et sans doute que d'autres iront aider à corriger ces maudits Japs.

La 4th Division *était dans l'armée d'occupation après la dernière guerre et le sera peut-être encore après celle-ci. Personne ne le sait, mais puisque nous devons rester dans l'armée pendant la durée* [de la guerre] *plus six mois, je pense que l'armée d'occupation vaut mieux que de combattre les Japs en Extrême-Orient. Bref, je ne fais que penser à voix haute sur papier. Nous irons là où on nous enverra et où on aura le plus besoin de nous, comme les soldats l'ont toujours fait par le passé. Nous suivons simplement les ordres que nous recevons au mieux de nos capacités, ce que nous avons très bien fait jusqu'à présent, à en juger par notre rythme de progression et notre position actuelle. Ma chérie, je sais ce que ressentent ceux d'entre nous qui sont dans l'armée américaine, séparés de nos proches à la maison. Essaie d'imaginer ce que vivent ceux qui sont dans l'armée depuis plus de deux ans et demi. Puis pense à d'autres pays comme la Russie, la Chine et d'autres encore, et à ce qu'ils doivent éprouver depuis bien plus longtemps. La guerre provoque beaucoup de douleur et de détresse mentale chez les soldats et les civils, en plus des souffrances physiques.*

Je viens de relire ma lettre avant de la terminer. En voyant mes pensées couchées sur papier, je me dis que tu vas avoir l'impression que je hais vivement les Allemands. Ma chérie, c'est exactement ce que nous éprouvons tous. Tous ceux qui ont combattu les salopards allemands ou même suivi nos armées en marche et qui ont eu l'occasion de voir ce qu'ils ont fait à ce pays et à son peuple doivent ressentir la même chose, s'ils ont une once d'humanité. »

Dans un champ encore fumant où un groupe d'ennemis a été capturé, non loin de la poche de Falaise, des casques allemands jonchent le sol.

LIBÉRER PARIS

Le 23 août, la *4th Division* est rattachée au *V Corps* et part de Carrouges à travers Chartres pour rejoindre la région d'Arpajon-Corbeil, au sud de Paris. Depuis quelques jours, la Résistance française s'attaque aux Allemands à l'intérieur de la capitale et a maintenant besoin d'un soutien urgent. Le 25, un mois après avoir ouvert la voie hors de Normandie, les *Ivy Men* reçoivent l'ordre de prendre Paris avec la 2e division blindée française (qui anéantira toute résistance allemande en quelques heures). Ils pénétreront dans la ville à midi sous les acclamations de la foule.

Otis, un des premiers Américains à entrer dans la capitale française, écrit ce jour-là : « *Ma très chère Judy, je t'écris ma première lettre depuis longtemps. Je sais que je n'ai pas réussi à t'écrire du tout ces quelques derniers jours, je ne sais pas combien, mais je n'ai rien pu y faire. Ces dernières journées ont été assez agitées, pas tant au niveau des combats, mais nous avons parcouru une longue distance. Je suis resté pas mal de temps sans dormir et je n'ai pas encore retrouvé un rythme normal. Deux jours et une nuit sans sommeil, énormément de route à grande vitesse sur des chemins poussiéreux et seulement un ou deux repas pendant tout ce temps. Mes yeux étaient dans un sale état à cause du vent, de la poussière et du manque de sommeil, mais je me sens beaucoup mieux à présent. Encore une bonne nuit de repos et je serai de nouveau en forme et prêt à reprendre du service. Nous avons progressé très rapidement ces derniers jours. Il paraît impossible que les Allemands puissent résister encore longtemps, mais les combats sont encore très intenses. Si nous continuons à avancer comme nous l'avons fait dernièrement, nous allons bientôt les affronter sur le sol allemand. Certains s'attendent à ce que les Allemands livrent leur dernier combat sur la ligne Maginot ou la ligne Siegfried, mais je ne vois pas comment ils pourraient la tenir bien longtemps.*

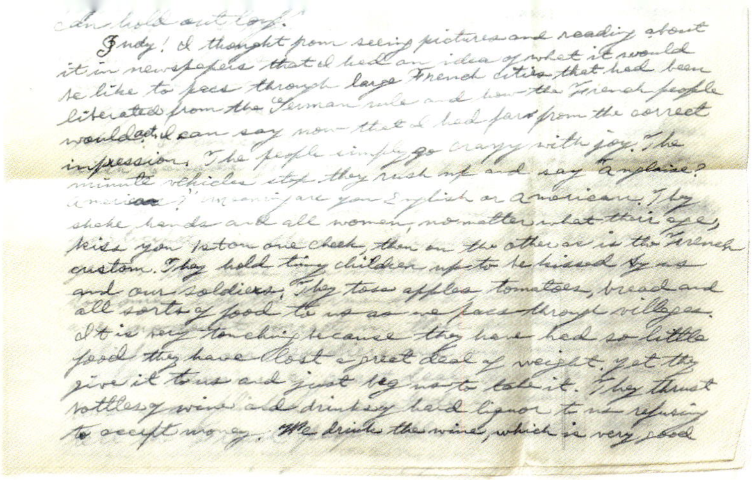
can hold out long."
Judy! I thought from seeing pictures and reading about it in newspapers that I had an idea of what it would be like to pass through large French cities that had been liberated from the German rule and how the French people would act. I can say now that I had far from the correct impression. The people simply go crazy with joy. The minute vehicles stop they rush up and say "Anglaise? Americain?" meaning are you English or American. They shake hands and all women, no matter what their age, kiss you first on one cheek, then on the other as is the French custom. They hold tiny children up to be kissed by us and our soldiers. They toss apples, tomatoes, bread and all sorts of food to us as we pass through villages. It is very touching because they have had so little food they have lost a great deal of weight, yet they give it to us and just beg us to take it. They thrust bottles of wine and drinks of hard liquor to us refusing to accept money. We drink the wine, which is very good

Judy ! En voyant des photos et en lisant les journaux, je pensais avoir une idée de ce que ça ferait de traverser une grande ville française libérée de la domination allemande et de la réaction des Français. Je peux maintenant t'affirmer que j'étais loin du compte. Les gens deviennent tout simplement fous de joie. Dès que nos véhicules s'arrêtent, ils se précipitent et crient : "Anglais ? Américains ?" Ils nous serrent la main et toutes les femmes, quel que soit leur âge, nous embrassent sur une joue, puis sur l'autre comme le veut la coutume française. Ils brandissent des enfants en bas âge pour que nous et nos soldats les embrassions. Ils nous lancent des pommes, des tomates, du pain et toutes sortes de nourriture lorsque nous traversons les villages. C'est très touchant parce qu'ils ont eu si peu à manger qu'ils ont perdu énormément de poids. Pourtant, ils nous offrent ces aliments en nous suppliant de les prendre. Ils nous envoient des bouteilles de vin et d'alcool fort en refusant d'accepter toute contrepartie monétaire. Nous buvons le vin, qui fait du bien quand on a chaud et soif, et un peu de spiritueux de temps en temps. Bien sûr, nous ne nous saoulons jamais, nous devons garder l'esprit clair et être toujours vigilants et prêts à tout ! Nous ne savons jamais ce qui nous attend au bout de la rue et il ne serait pas souhaitable d'avoir le cerveau embrumé par l'alcool. Grâce au fait que je comprends et parle assez bien le français, les civils me parlent avec enthousiasme de la fin de la guerre et du moment où les Français qui sont toujours détenus par les Allemands dans des camps de prisonniers seront libérés pour regagner leurs foyers. Il est très difficile pour moi de répondre à ces questions car je n'en connais pas les réponses. Je leur dis que je pense que la guerre avec l'Allemagne sera bientôt terminée et que les prisonniers seront libérés sous peu. J'espère et je prie pour leur avoir dit la vérité. [...]

Une jeep de la *4th Infantry Division* marque une pause devant la tour Eiffel, sur laquelle flotte déjà le drapeau tricolore hissé par la 2e division blindée française.

Officiers allemands, désormais prisonniers, photographiés le 26 août à l'Hôtel Majestic, ancien QG de la *Wehrmacht*.

Ils sont tout simplement fous des Américains et ont une très bonne estime d'eux. Bien sûr, ils connaissent nos relations amicales avec le Canada depuis tant d'années et nous aiment pour notre sympathie et notre convivialité. Ils nous disent tous que si les Américains n'étaient pas entrés en guerre, ça aurait duré encore plusieurs années. Ils attendaient depuis quatre ans que nous débarquions, que nous dégagions les Allemands et que nous leur rendions la liberté. Ils ont sans doute raison dans leurs déclarations et leurs idées, car nos soldats et notre matériel ont beaucoup contribué à raccourcir la guerre. Notre armée de l'air a également accompli beaucoup de choses. Je dis toujours au peuple français qu'avec l'aide des soldats britanniques, canadiens et français, nous allons rapidement vaincre les Allemands. Ici, le peuple déteste amèrement les Allemands. Je n'ai jamais rien vu de tel, mais bien sûr je le conçois et j'en comprends la raison. Un homme d'environ 45 ans m'a raconté que les Boches ont tué deux de ses filles (l'une âgée de 23 ans et l'autre de 18 ans) à la mitrailleuse ou au pistolet mitrailleur. J'ai demandé pourquoi et il a dit qu'il ne savait pas, elles étaient juste là dans la rue. C'est terrifiant de constater à quel point les Allemands ont été cruels envers les civils. Ils ne sont pas du tout satisfaits de voir les Allemands être faits prisonniers et veulent tous les tuer. J'ai vu des milliers de civils rugir en voyant un camion de prisonniers allemands passer dans la rue. Ils les mettraient en pièces s'ils pouvaient mettre la main sur eux et de temps en temps ils y arrivent. Nous protégeons très bien les prisonniers que nous capturons et il ne leur arrive rien. La Résistance française (les FFI, comme on les appelle) en attrape un grand nombre elle-même et nous les amène. Beaucoup d'Allemands sont pris dans des tenues civiles après avoir détruit leurs uniformes. Les FFI [Forces françaises de l'Intérieur] *les démasquent rapidement puisqu'ils ne parlent pas bien le français.*

[Même lettre, trois jours plus tard] *J'ai été envoyé en mission peu après avoir commencé cette lettre et je n'ai donc pas eu l'occasion de la terminer. On m'a détaché du régiment pendant quelque temps et j'ai fait un petit périple avec le commandant de la division (le général Barton) et quelques autres officiers de liaison. Je ne peux pas te dire où nous sommes allés, mais je vais te joindre quelques coupures de presse du* Stars and Stripes.

La lettre d'Otis est accompagnée de cet exemplaire daté du 24 août, avec le titre « Les forces françaises libèrent Paris : les Yanks [surnom des Américains] sont à 150 miles de l'Allemagne ». Le mot « Paris » est souligné par Otis dans l'un des titres, un indice indiquant sa position, bien qu'il ne soit pas censé la révéler !

Allies Capture Grenoble, 150 Miles North of Toulon

1D THE STARS AND STRIPES 1Fr

Daily Newspaper of U.S. Armed Forces in the European Theater of Operations

Vol. 4 No. 252 — New York, N.Y.—London, England—France — Thursday, Aug. 24, 1944

French Forces Liberate Paris; Yanks 150 Mi. From Germany

Russians Open New Offensive N. of Warsaw

A new Soviet breakthrough, achieved a few hours after the Russians launched a fresh offensive aimed at smashing German lines north of Warsaw, was conceded by Berlin last night as the Red Army hammered south toward the Danube after breaching enemy lines in Rumania.

The new assault in Poland, in the area between the Narew and Bug Rivers, forced back the Nazi lines almost two miles, German News Agency's Col. Ernst von Hammer admitted.

He said the attack, on a "grand scale," was preceded by an artillery barrage lasting for hours and supported by waves of planes.

The Narew flows into the Bug 17 miles north of Warsaw.

South of the Polish capital, a lesser attack by four infantry divisions and several tank brigades was repulsed, the German said.

In Rumania the Ukrainian armies of

Reports Tell Of Landings From Biscay

Seaborne Attacks Near Bordeaux Cited; Toulon Battling Is Bitter

Amid confused German and Spanish reports of new landings on France's Atlantic coast, the Allied Mediterranean command yesterday disclosed the spectacular capture of the French communications city of Grenoble, 150 miles north of Toulon, after a "secret" advance of U.S. armored columns which in a week pushed within 55 miles of Lyons, in the heart of the Rhone Valley's industry.

The Americans, driving north swiftly with the help of the French underground, took six other towns, including Digne,

A Faded Paris Comes to Life Despite Scars

Editor's Note: What is Paris like today? Here is a picture based on French newspapers, neutral and axis reports, and information from French men and women who recently were there.

By John A. Parris Jr.
United Press Staff Correspondent

Paris, the light-hearted, glitteringly marcelled debutante of pre-war Europe, is a faded grande dame with scarred heart and champagne-drenched memories.

She's a little down on her luck and a little worn at the heels. Four years of war have changed her face, stilled the laughter on her lips and taken the sparkle from her eyes.

It's been a long time since she flounced her skirts and smiled coyly when the world whispered "Gay Parée."

But last night she danced again, sang again—and laughed.

As the Americans and British and Canadians came closer she remembered

City Rid of Nazi Yoke In 4 Days' Battling By Army of Patriots

Swift 60-Mile Swoop Southeast of Capital Captures Sens; U.S.-Allied Gains Closing Pincers on Von Kluge

French patriots liberated Paris from the Germans yesterday, while American armored forces struck far beyond the capital in an eastward move which reached within 150 miles of the German border.

Northwest of Paris U.S. infantrymen and tank crews smashed through a protective German screen and two Allied pincers, moving around to crush the remnants of Von Kluge's battered forces in the corridor west of the Seine River, were only 50 miles apart.

Officials of Vichy

Seine Corridor

J'ai fait un petit tour avec le général dans l'après-midi du 25. Un jour, je pourrai te dire où nous sommes allés [les généraux Barton et Blakeley représentaient la division lorsque le commandant allemand Dietrich von Choltitz capitula à la gare de Montparnasse... Il est donc fort probable qu'Otis y était également présent]. *Hier, une partie de notre régiment est passée par les mêmes lieux et je suis monté voir deux des bataillons pour leur donner leurs ordres d'attaque. Certains des habitants n'avaient jamais vu de soldats américains auparavant et ils ne cessent d'applaudir et de nous encourager à notre passage. Un soir, je crois que c'était le 25 août, des Français se sont réunis et ont dansé dans un parc situé tout près de notre camp. Je suis allé les voir. J'ai parlé un moment avec une dame et son mari. Elle m'a dit que c'était la première fois en quatre ans qu'elle voyait quelqu'un danser. Ils étaient très malheureux quand les Allemands étaient là et même s'ils avaient voulu danser, les Allemands ne permettaient pas les rassemblements.* [...] *Nous nous éloignons maintenant de cette grande ville et nous continuons notre avance à travers des régions où nous sommes à nouveau les premiers soldats américains à faire leur apparition. Nous progressons lentement, nous nous battons avec acharnement, mais ce n'est pas aussi rude que lors de nos précédentes batailles.* »

CONTRE LA MONTRE

Les restes de la *7. Armee* allemande sont en fuite, tandis que la *4th Division*, au sein de la *1st Army*, est envoyée au nord-est vers la frontière belge, puis vers l'Allemagne aussi vite que possible :

« *Quelque part en France, le 31 août 1944. Chère épouse, je n'ai pas pu t'écrire ces derniers jours. Cela a été impossible. Nous allons trop vite et tu ne peux pas écrire de lettres quand tu es sous la pluie, dans une jeep, et que tu vas à un train d'enfer. Je pense que ça fait trois jours que j'ai écrit ma dernière lettre, mais je n'en suis pas très sûr. Les jours et les nuits se confondent au bout d'un moment parce qu'on est assez fatigués et confus. Par exemple, aujourd'hui, je me suis levé tôt pour le mess à 7 h 30 et je me suis présenté au CP à 8 heures. Il était 22 h 30 quand j'ai rampé sous mes couvertures et ce fut une journée assez longue. Puis, en plus de ce service de 14 heures et demie, j'étais de garde au CP de 3 heures du matin à 8 heures, juste une autre petite mission de 5 heures.*

Ne te méprends pas, ma chérie, je ne me plains absolument pas. Nous traversons la France à un rythme infernal et j'en suis très heureux. Nous nous rapprochons maintenant des célèbres champs de bataille de la Première Guerre mondiale et nous voyageons à une vitesse telle qu'en un jour nous traversons des régions qui ont été le théâtre de durs combats pendant des mois voire des années à l'époque [en effet, 26 ans plus tôt, la *4th Division* avait mené sa première bataille le long de la même rivière Ourcq qu'Otis traverse maintenant à grande vitesse]. *Si nous continuons à ce train-là, nous aurons bientôt débarrassé la France de toutes les troupes allemandes. Je suis sûr que tu seras contente quand les journaux diffuseront des informations sur notre avancée. Peut-être que cela ne te dérangera plus de recevoir des lettres moins souvent, tant que nous roulons aussi vite. À cette allure, nous aurons prochainement vaincu les Allemands pour de bon et nous rentrerons chez nous plus tôt que prévu.*

Nous avons découvert que les Allemands ont recours à une nouvelle technique pour accélérer leur fuite, leur retraite ou peu importe le nom qu'on lui donne. Ils prennent de petites voitures comme des Bantams ou des Austins qu'ils ont volées à des civils, enlèvent les portes et les utilisent pour transporter des troupes. Ils y attachent de longues cordes et tractent des cyclistes derrière eux à une vitesse de 40 ou 50 km/h. Une douzaine de vélos est remorquée par chaque véhicule. Nous avons fait exploser tellement de leurs chars, voitures et camions qu'ils ont imaginé cette méthode pour déplacer leurs hommes. C'est très astucieux, n'est-ce pas ? [...] *Même en pensant aux longues heures de boulot que j'accumule, je n'ai pas trop à me plaindre. Je pense seulement aux hommes et aux officiers des compagnies de fusiliers qui se déplacent à pied la plupart du temps. Même lorsqu'ils ont la chance de voyager en camion, ils sont si entassés les uns sur les autres qu'ils n'ont pas la place de se détendre. En plus de ça, ils doivent toujours rester vigilants et à l'affût des forces ennemies. Et puis, le seul inconfort physique de marcher dans la boue et sous la pluie, en portant des mitrailleuses et des mortiers, est déjà pénible en soi.* »

Le 3 septembre, au moment où Lille, Bruxelles et Anvers connaissent la joie de la libération, la *4th Division* se trouve juste au sud de Saint-Quentin, à seulement 40 kilomètres de la frontière belge, et se prépare à bifurquer en direction du Reich. Otis écrit : « *Hier à la tombée de la nuit, après une longue journée de voyage, quelques accrochages et juste au moment où nous commencions à nous sentir fatigués, nous avons atteint un petit village* [Itancourt]. *Le bataillon de tête avait dû faire face à une résistance ennemie inattendue, alors le commandant a décidé de mettre en place un PC et de rester ici pour la nuit. J'ai aidé le capitaine Haley (CO de la compagnie du QG) à organiser son unité, à garer les véhicules et à installer le PC pour le travail de planification des opérations du lendemain qui allait nous prendre toute la nuit. J'ai frappé à la porte de la maison d'un fermier* [M. Jules Poidevin] *et lui ai demandé si nous pouvions installer la cuisine de la compagnie dans sa ferme. Il était ravi de nous prêter les lieux et a insisté pour que nous soupions avec lui, que nous dormions dans sa maison en ne nous laissant pas d'autre choix que d'accepter. C'est la même chose partout. Les gens nous disent qu'ils ont attendu notre venue quatre longues années et maintenant que nous sommes là, à vaincre les Allemands et à les repousser dans leur pays d'origine où ils sont à leur place, il n'y a rien qu'ils ne feraient pas pour nous aider ou nous faire plaisir. Ils exigent que nous mangions avec eux ce midi. Je ne pense pas que tu puisses imaginer ce que c'est que de dormir dans un vrai lit après avoir couché dans des* foxholes, *crevé, trempé et dans de pareilles conditions pendant si longtemps. Je pense que non, et tu as bien de la chance.* [...] *La campagne me rappelle beaucoup certaines des très grandes fermes que nous avons vues plus au sud et à l'ouest. Ici, ils élèvent tout ce dont ils ont besoin pour se nourrir. Ils ont même beaucoup de sucre fabriqué à partir de betteraves. La seule chose qu'ils n'ont pas, c'est du café et du cacao ou du chocolat. Nous avons pioché dans nos rations et nous leur avons donné nos barres de chocolat de ration D et ils ont été ravis.* [...]

La ration D, développée par le chocolatier américain Hershey's, contient trois barres riches en calories pouvant être mangées comme telles, ou rapées dans du café ou de l'eau chaude pour en faire du chocolat chaud. Toutefois, elles n'ont rien d'une friandise : elles ne doivent être consommées qu'en cas d'extrême nécessité, quand aucune autre ration de combat n'est disponible. Pour éviter de tenter les soldats, le cahier des charges de l'*US Army* attendait de son goût qu'il soit tout juste « acceptable ». En revanche, le chocolat est compact, résiste bien à la chaleur et la vitamine « Thiamin Hydrochloride » offre à l'épiderme une protection antimoustiques !

Je peux t'en dire un peu plus sur la famille Poidevin. Ils ont une très grande ferme. Il m'a dit que sa maison avait été totalement détruite pendant la Première Guerre mondiale et qu'il avait dû la reconstruire. Avant [cette] *guerre, ils avaient 24 chevaux, ce qui te donne une idée de la quantité de travail qu'ils font ici avec eux.* [...] *M. Poidevin m'a dit que certains de ses chevaux ont été tués par des avions et l'artillerie pendant les combats dans le secteur à notre arrivée, mais aucun de ses moutons ou de ses vaches apparemment. Les Allemands lui ont aussi volé quelques chevaux, deux voitures et un vélo.* [...]

Toute la journée d'hier, les gens se sont massés dans les rues et nous ont applaudis à notre passage. Ils nous ont lancé des fruits et tout un tas de trucs, et nous étions bien contents car nous ne nous étions pas arrêtés suffisamment longtemps pour percevoir nos rations K. Je n'ai jamais vu des gens aussi joyeux de toute ma vie. Certains étaient si heureux qu'ils pleuraient ! Ils ont continué à nous jeter des fleurs à mesure que nous traversions des villes (plutôt petites) et j'ai commencé à les placer dans le filet de camouflage sur le capot de ma jeep. En peu de temps, je l'avais entièrement recouverte. [...]

Pendant la campagne de Normandie, c'était complètement différent ! Les villages étaient des villes fantômes, toute la population ayant été évacuée. Après que les Allemands eurent été chassés par nos gars, il n'y avait plus âme qui vive. Seuls les morts (hommes et animaux) restaient sur place. Ici, c'est tout autre chose. Les Allemands se replient le plus rapidement possible, leur seule ambition étant de retourner défendre la "Mère Patrie". Ils se battent avec acharnement pour retarder notre progression, mais comme tu le sais en lisant les journaux, ils en sont incapables. L'avance de nos forces a été si rapide et nous frappons de tant de directions à la fois et sans prévenir que les Allemands et les civils sont très souvent pris par surprise. En Normandie, des villes entières ont été réduites en cendres, mais ici, il n'y a rien de tel. Quelques maisons ont brûlé, mais très peu. Les gens se cachent juste dans les caves, je suppose, jusqu'à ce que les brefs accrochages cessent, puis ils en sortent pour nous accueillir. »

Après un virage serré vers l'est près du Cateau-Cambrésis, la division franchit la Meuse et la frontière belge près de Fumay (au nord de Charleville-Mézières) le 6 septembre. Le temps se dégrade et Otis écrit ce jour-là de « *Quelque part ailleurs qu'en France* », sur un papier taché par les gouttes de pluie et à l'encre coulante : « *J'écris cette lettre dans des conditions relativement précaires. Il pleut et c'est très humide ici dans les bois où nous avons fait une halte temporaire. Je vais essayer d'éviter que cette lettre ne soit trop mouillée et te parvienne en assez bon état. Nous avons quitté la France tôt ce matin et avons traversé la frontière belge. Cette partie du pays compte de très hautes collines, de vastes forêts et me rappelle beaucoup la maison. Les montagnes sont très fournies en pins et en chênes comme nous avons chez nous.* »

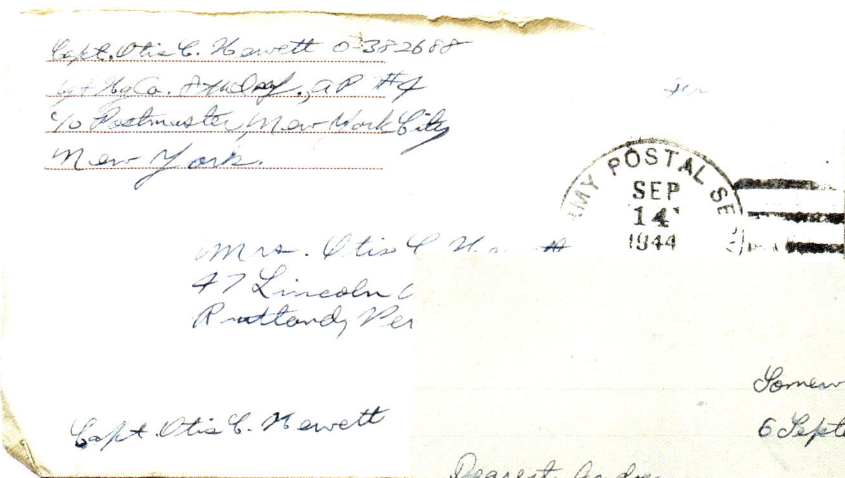

Capt. Otis C. Hewett 0-382688
c/o Postmaster New York City
New York.

POSTAL SE
SEP
14
1944

Mrs. Otis C. H
47 Lincoln
Rutland, Ver

Capt. Otis C. Hewett

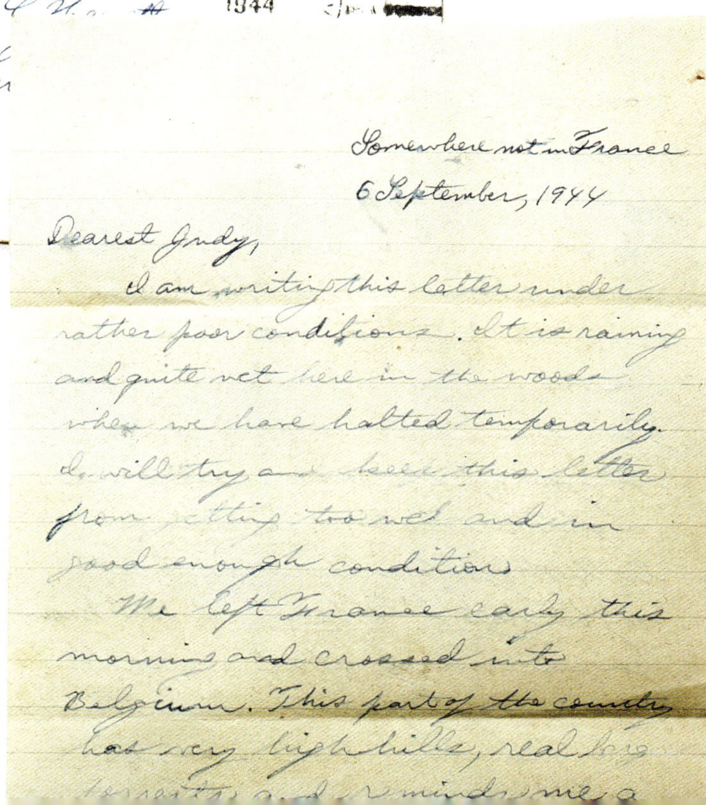

Somewhere not in France
6 September, 1944

Dearest Judy,

I am writing this letter under rather poor conditions. It is raining and quite wet here in the woods where we have halted temporarily. I will try and keep this letter from getting too wet and in good enough condition.

We left France early this morning and crossed into Belgium. This part of the country has very high hills, real big forests and reminds me a

Malgré les efforts d'Otis, notez les taches d'encre sur la lettre et l'enveloppe provoquées par la pluie ! C'est là toute la beauté des lettres du front : un lien direct avec ces champs de bataille et l'histoire…

C'est sur ce type de terrain et par ce temps misérable que les Américains vont à présent devoir se battre pendant des mois, aux prises avec la ligne Siegfried plus tard dans l'enfer de la forêt de Hürtgen. Certains en font déjà l'expérience depuis un certain temps, comme le raconte Otis dans une lettre le 8 septembre : « *Après avoir commencé cette lettre, j'ai été interrompu. Vingt-et-un pilotes, qui avaient été abattus au-dessus de la Belgique et qui s'étaient cachés dans les bois en dormant dans des granges pendant 8 à 12 mois, se sont présentés à notre PC en vêtements civils. J'ai dû les conduire au PC de la division* [à l'époque un château pris à un collaborateur belge, à Libin, en Belgique]. *Ils se cachaient des Allemands depuis qu'ils avaient été éjectés de leurs avions en parachute et étaient vraiment heureux de voir des troupes américaines. Ils entament maintenant leur grand voyage à travers la France et rentrent aux États-Unis pour deux mois de repos. Comme je les envie.* [...] *J'ai beaucoup de peine pour leurs parents parce qu'ils ont été informés que ces hommes (les 21) avaient disparu au combat. Comme ils seront heureux (les membres de leur famille) de savoir que leurs proches sont vivants et en bonne santé ! Si jamais il m'arrive quelque chose et que tu apprends que j'ai disparu au combat, ne perds pas espoir. Il se pourrait simplement que je sois prisonnier ou que je doive me cacher pendant un certain temps, comme l'ont fait ces pilotes. Ce n'est pas une chose agréable à écrire et je ne m'attends pas à ce que cela arrive, d'ailleurs peut-être que je n'aurais pas dû te l'écrire, mais c'est fait. Je t'aime et tu me manques plus que les mots ne peuvent le dire. Je prie constamment pour ton bonheur et ta santé.* »

Otis a probablement le pressentiment que sa course folle à travers l'Europe touche à sa fin et que des semaines éprouvantes et dangereuses l'attendent dorénavant. En effet, la cadence de l'avance alliée a pris par surprise les services logistiques, handicapés par l'allongement des lignes de ravitaillement, le port d'Anvers toujours inutilisable (car bien que libéré, son entrée est menacée par des poches de résistance allemandes dans l'estuaire de l'Escaut) et les chemins de fer détruits par leurs propres bombes alliées. Depuis les ports artificiels *Mulberry* installés le Jour J (mais endommagés par une violente tempête) et les quelques petits ports de la Manche libérés par les troupes canadiennes, les camions lancés sur les grands axes routiers aménagés en urgence (dont fait partie le fameux *Red Ball Express*) ne parviennent pas à rattraper les unités les plus avancées, obligées de ralentir pour se ravitailler en essence. Ce répit a permis aux Allemands de se replier avec succès et de s'installer dans une ligne fortifiée faisant face à la ligne Maginot française, qu'ils ont contournée en mai 1940, et défendant le Reich depuis la frontière suisse jusqu'au sud des Pays-Bas. Construite par l'Organisation Todt, également à l'origine du Mur de l'Atlantique, cette « ligne Siegfried » (*Westwall* pour les Allemands) est composée de pas moins de 18 000 bunkers, tunnels et dents de dragon (cônes en béton armé destinés à stopper les chars), protégés par de nombreux champs de mines et positions de mitrailleuses ou d'artillerie.

Des GI du *8th Infantry Regiment* d'Otis sont stoppés dans leur avance par des tirs ennemis, près de Libin en Belgique.

« Dents de dragon » à Simmerath : de nombreuses sections des 630 kilomètres de la ligne Siegfried sont toujours bien visibles du nord de la Suisse au sud des Pays-Bas.

BRISER SIEGFRIED

En une seule semaine, la *4th Division* a libéré des centaines de villes et villages belges (Houffalize, Bastogne, Saint-Vith...) et elle atteint enfin la frontière allemande, près des denses forêts du Schnee Eifel. Otis écrit les 11 et 13 septembre : « *Nous avons repoussé les Allemands jusqu'à ce que nous soyons tout proches de leur frontière. Nous allons bientôt nous battre sur leur sol. Nous sommes maintenant à portée des gros canons des fortifications de la ligne Siegfried en Allemagne et je trouve d'ailleurs étonnant que nous ne soyons pas constamment sous le feu de l'artillerie lourde. Il y a quelque temps, j'ai lu quelque part que beaucoup de ces gros calibres avaient été retirés des fortifications et mis en position pour la défense côtière en France et dans d'autres régions* [à la mi-août, les Allemands ont reçu l'ordre de rendre la ligne Siegfried à nouveau opérationnelle. Ce sera fait le 12 septembre, au moment où Otis écrit cette lettre]. *Si c'est vrai, ils n'ont jamais eu la possibilité de les ramener parce que nos avions ont détruit les voies ferrées et qu'ils sont trop imposants et trop lourds pour être transportés par camion sur les routes. Même s'ils avaient été déplacés de cette manière, ils auraient été détruits par nos bombardements. Cela me semble être la seule explication valable, je crois qu'ils ont été emportés pour assurer la défense d'un autre endroit et qu'ils n'ont jamais eu le temps de les rapatrier. Bien sûr, ils s'attendaient à conquérir et à dominer le monde et n'ont jamais pensé qu'ils seraient nécessaires ici.* [...] *Il fait très froid maintenant, surtout la nuit et au petit matin. Ces dernières nuits, il y a eu une grosse gelée. Il continue à faire froid jusqu'à neuf heures du matin, quand ça commence à se réchauffer (si le soleil brille !). Nous faisons tout notre possible pour gagner la guerre avant que l'hiver ne s'installe. D'ordinaire il neige abondamment ici et j'espère que nous aurons vaincu l'armée allemande d'ici là.*

Nous avons accueilli quelques résistants belges. Ils appartiennent au "Maquis", comme en France, et nous avons le plus profond respect pour eux. Ce sont des combattants très courageux. Beaucoup d'entre eux ne sont pas armés, ceux qui ont des armes les ont capturées aux Allemands qu'ils ont tués. Ils ont dressé des barrages routiers en faisant tomber des arbres sur les routes, dans des défilés étroits, pour que les Allemands ne puissent pas passer. Parfois, ils retournent des voitures et des camions sur le côté pour bloquer les ponts. Puis ils les défendent avec les armes dont ils disposent. Souvent, ils sont 12 ou 15 maquisards avec seulement quelques fusils, quelques pistolets et des couteaux ou des faucilles. Ils ne manquent pas de courage et se battent au corps à corps avec les Allemands chaque fois que l'occasion se présente. Après chaque combat, ils récupèrent les armes, les munitions et les grenades des morts. J'en ai recueilli un aujourd'hui qui a 40 ans. Il parle couramment cinq langues : l'espagnol, le français, le flamand, l'allemand et l'anglais sont celles qu'il maîtrise bien. Sa mère a été tuée par les Allemands (des troupes SS) alors qu'il était loin de chez lui. Maintenant il est décidé à égorger tous ceux qui lui tombent sous la main. Il m'a supplié de l'emmener. Il n'a demandé que de la nourriture, une arme, des munitions et des vêtements, mais pas d'argent. Il ne se soucie pas de savoir s'il sera payé ou non. Bien sûr, il ne peut pas être payé par notre armée, mais il sera embarqué pour servir d'interprète et nous sera très utile. Il a une femme et deux enfants et il dit qu'il restera avec nous et qu'il ira partout où nous irions pendant un mois. Il sacrifiera tout ça pour son pays. Il a dit que sa femme et ses enfants ont assez d'argent et de nourriture pour se débrouiller pendant ce temps. Il n'a pas peur de mourir et déteste profondément les Allemands. Il y a beaucoup de Belges comme lui et les Allemands les craignent énormément. Ils sont de redoutables combattants et exterminent l'ennemi sans jamais faire de prisonniers. »

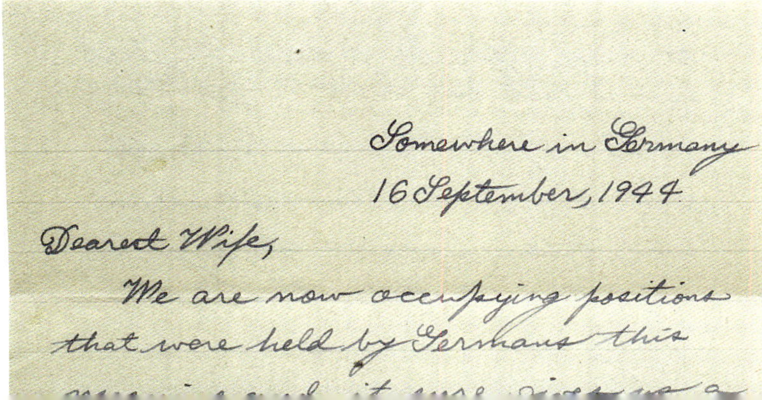
Somewhere in Germany
16 September, 1944

Dearest Wife,

We are now occupying positions that were held by Germans this

Soldats américains du *39th Regiment* de la *9th Infantry Division* traversant une rangée de dents de dragon de la ligne Siegfried en septembre 1944.

Les premières patrouilles de la *4th Division* foulent le sol allemand dans la soirée du 11 septembre. Le 16, Otis écrit une lettre depuis « *Quelque part en Allemagne* ».

Il se trouve près de la frontière à l'est de Saint-Vith en Belgique (juste au nord du Luxembourg), dans l'une des premières positions de la ligne Siegfried. Déjà plusieurs percées ont été réalisées sur la ligne et Otis est toujours très optimiste : « *Nous occupons maintenant des fortifications qui étaient encore tenues par des Allemands ce matin et cela nous laisse une drôle d'impression. Je ne voulais pas vraiment dire drôle car ce n'est pas le bon terme. Je voulais dire étrange ou particulier. Ils ont assurément consacré beaucoup de temps, d'argent et de main-d'œuvre à la construction de ces positions. J'ai beaucoup appris à leur sujet dans les livres, les magazines et les journaux, et je les ai même vues dans les actualités au cinéma. Pourtant, la première fois que j'ai mis un pied dans un* bunker *en béton ce matin, je peux t'assurer que c'était un sentiment bizarre. Il m'est très difficile de décrire ce que j'ai ressenti, mais je peux dire ceci. Si les Allemands avaient eu le courage de les défendre, il nous aurait fallu plusieurs jours d'assaut pour les conquérir. Après les avoir pris, il aurait été impossible de les réutiliser parce que pour les faire tomber, nous aurions dû les démolir complètement. Je veux dire les faire exploser avec des charges de dynamite ou de TNT. Les Allemands ne les ont pas défendus comme ils auraient dû le faire et pour cette raison ces* bunkers *sont toujours intacts. Les Allemands continuent à se battre avec détermination chaque fois que nous les attaquons, mais ils ne sont jamais parvenus à tenir leurs positions. Nous sommes trop puissants pour eux et je crois qu'ils le réalisent à présent. Ils se battent pour retarder nos mouvements ou couvrir une retraite et tuent et blessent beaucoup de nos hommes, mais nous persistons sans relâche et ils ne peuvent pas supporter toute cette pression. Ils ne peuvent pas résister et s'ils décidaient de tenir tête à nos soldats, ils seraient encerclés et massacrés. Ils en ont fait l'expérience au cours des derniers mois, et ce depuis nos premiers coups au début de l'invasion.*

Blocs de TNT de 220 g (jaune) et de 440 g (vert) utilisés par les troupes du Génie pour la confection de charges de démolition.

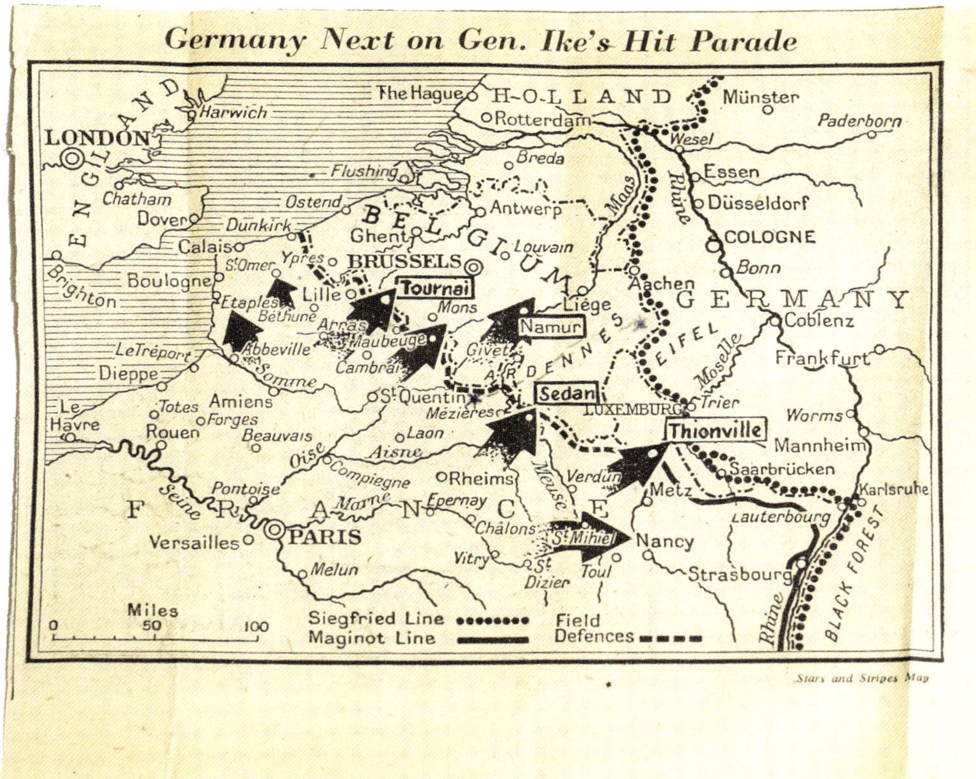

Carte du *Stars and Stripes* jointe à une lettre d'Otis, titrée « L'Allemagne est la prochaine dans le hit-parade du général Ike [Eisenhower] ». Si vous observez bien au centre, le long du mot « Ardennes », Otis a discrètement représenté sa progression par des tirets au crayon, reliant deux points bleus placés à l'est de Saint-Quentin et sous Aachen.

[Plus tard dans la nuit] *Je suis à nouveau de service ce soir ou plutôt ce matin de trois heures à huit heures. Il y a un sacré raffut dehors, mais ça ne nous dérange pas là où nous sommes, tapis au fond de ce* bunker *en béton et en acier que nous avons pris aux Allemands ce matin. C'est juste un grondement sourd ici et on ne peut même pas dire si c'est notre artillerie ou celle des Allemands qui fait ce boucan. Si c'est Jerry, nous le trouverons demain matin et nous le ferons taire. Nous avons rencontré une farouche résistance ennemie aujourd'hui et nous n'avons pas pu avancer suffisamment à notre goût. Il a fait froid et couvert, avec du brouillard et de la pluie, et nous n'avons donc pas reçu le soutien de notre aviation. Demain, si le temps est clair, les bombardiers pourront peut-être intervenir et détruire l'artillerie et les points d'appui qui ralentissent notre progression. Je l'espère parce que nous sommes de plus en plus impatients chaque jour où nous sommes retardés dans notre marche vers Berlin. Nous avons tous hâte d'aller de l'avant et vers la Victoire. Je viens d'apprendre la nouvelle du parachutage en Hollande* [l'opération *Market Garden* est une attaque blindée audacieuse à travers les Pays-Bas, soutenue par des troupes aéroportées américaines et britanniques larguées sur des points de passage clés – le plan du général Montgomery est censé permettre aux Alliés de traverser le Rhin près d'Arnhem et de se précipiter ensuite dans la région industrielle de la Ruhr, pour mettre ainsi fin à la guerre avant Noël]. *Tout semble se dérouler pour le mieux sur tous les fronts. Je me demande ce qu'en pense le haut commandement allemand, avec ces affrontements musclés tout autour de lui. Un prisonnier que nous avons capturé aujourd'hui était très jeune. Il lui manquait un mois avant la majorité. Il avait six mois d'entraînement et était un nazi convaincu. Il avait dans sa poche une lettre à moitié terminée qui disait qu'il tuerait tous les Américains qu'il verrait et qu'il donnerait volontiers sa vie pour Hitler. Il méritait une sacrée déculottée pour lui ôter un peu de son arrogance, mais bien sûr, on nous l'interdit. En règle générale, ce genre de type se radoucit après de longs mois au combat et sous le feu de l'artillerie lourde. Personne ne peut supporter son martèlement constant bien longtemps. Au bout d'un moment, on est comme paralysé.* [...] *Je n'aime pas trop ces satanées casemates allemandes et je détesterais devoir y vivre pendant une longue période. Elles sont toujours froides et humides. J'imagine qu'elles ne sont peut-être pas si inconfortables au milieu de l'été, mais elles ne sont certainement pas commodes en ce moment. En tout cas nous y resterons jusqu'à ce que nous ayons la possibilité d'avancer à nouveau, car elles offrent une excellente protection contre les bombes et les fragments d'obus.* »

Ci-contre, le journal de la division se moque des défenses de la ligne Siegfried : « La vache, c'est exactement comme le parcours d'obstacles à Gordon ! » ; « Fais gaffe aux casemates de Jerry, elles sont bien camouflées ! » ; « C'étaient des munitions gâchées, je n'ai pas trouvé de pistolet Luger ! »

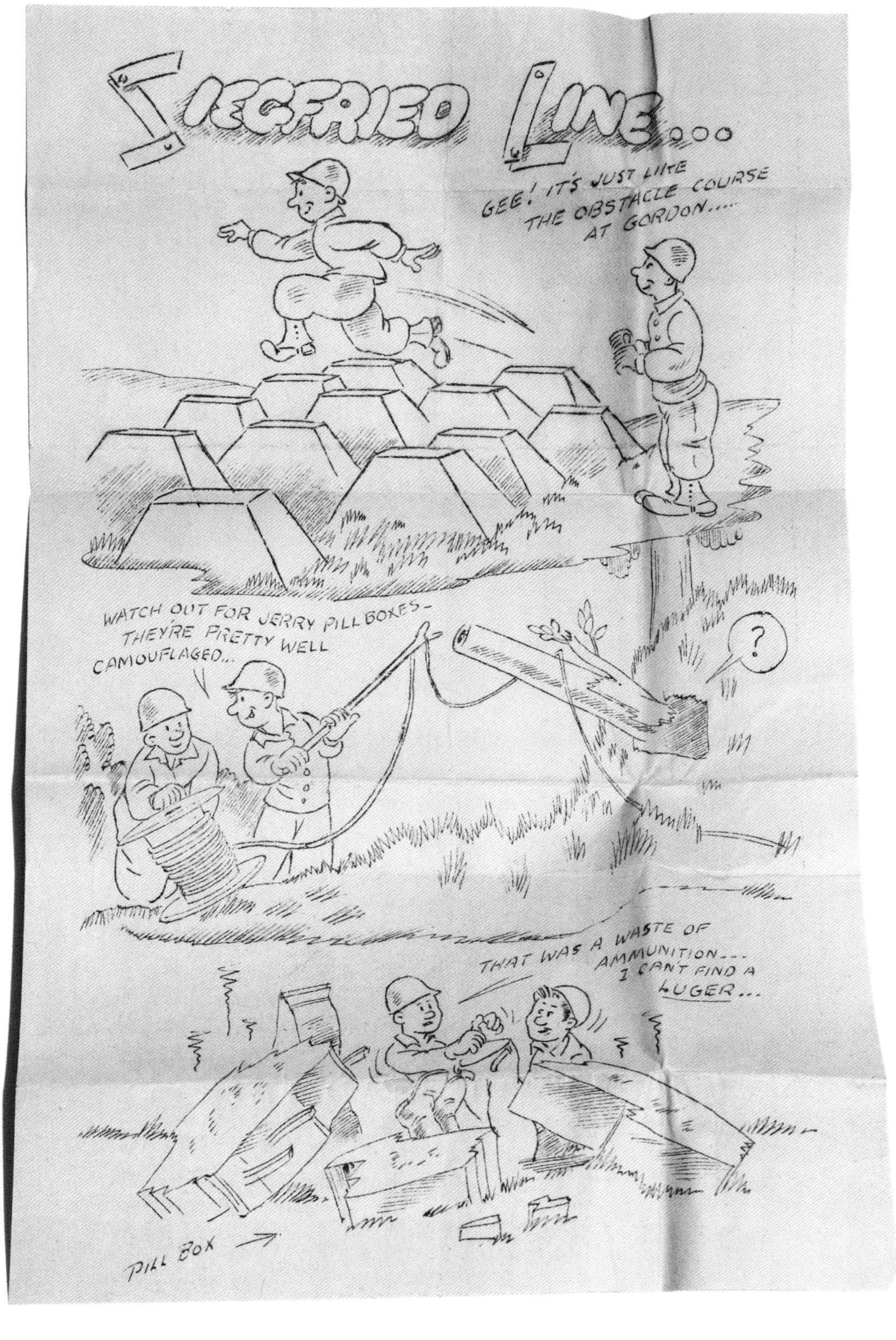
SIEGFRIED LINE...
GEE! IT'S JUST LIKE THE OBSTACLE COURSE AT GORDON....
WATCH OUT FOR JERRY PILLBOXES - THEY'RE PRETTY WELL CAMOUFLAGED...
?
THAT WAS A WASTE OF AMMUNITION... I CAN'T FIND A LUGER...
PILL BOX

Ce jour-là, Otis écrit une lettre similaire à des amis de Rutland (qui l'enverront au journal local pour publication), dans laquelle il donne des détails qu'il ne partage pas avec Judy, de peur de l'inquiéter. L'article raconte : « *Depuis les entrailles d'une solide fortification nazie "quelque part en Allemagne", capturée lors d'une récente offensive alliée sur le front occidental, le capitaine Otis C. Hewett de Rutland écrit au sujet des âpres affrontements sur la "terre sainte" du Reich : "Notre poste de commandement se trouve dans un* bunker *en béton que nous avons pris aux Allemands hier. Juste avant de nous installer ici, nous étions de nouveau sur les hauteurs et je pouvais voir un petit village en feu en contrebas. Les obus d'artillerie tombaient en plein dedans et au bout d'un moment, l'ennemi a décroché. Ils ne pouvaient pas supporter le choc et je comprends qu'ils se soient repliés. C'est dur d'être du mauvais côté du canon quand ces énormes obus s'écrasent". Les obus ont fait de gros trous dans la forêt environnante, ajoute le capitaine Hewett, et les arbres ont été marqués par des éclats qui ont fusé dans toutes les directions sur plus de 100 mètres. Si les Allemands avaient choisi de défendre la position qui servit plus tard de poste de commandement américain, il aurait fallu les faire sauter à la dynamite, ce qui aurait complètement détruit tout le site, expliqua-t-il. Mais ils choisirent plutôt de battre en retraite et le point fortifié fut capturé intact. Le capitaine Hewett, qui admet avoir ressenti une émotion très particulière lorsqu'il entra pour la première fois dans un* bunker, *a décrit ainsi l'emplacement : "Ils sont faits d'acier et de béton épais et sont recouverts de tonnes de terre. De loin, on dirait une colline ou un monticule naturel sur lequel poussent de l'herbe, des vignes et même des arbres. Ils ont par ailleurs des systèmes de ventilation pour la climatisation et la purification de l'air lors des attaques au gaz."*

Rutlander Writes From Newly Captured Fortress in Germany

From the bowels of mighty Nazi fortifications "somewhere in Germany," captured in a recent Allied drive on the western front, Capt. Otis C. Hewett of Rutland writes to friends in the city of the bitter fighting on the "holy soil" of the Reich.

In a letter dated September 17 Capt. Hewett says:

"Our command post is in a concrete pillbox which we took away from the Germans yesterday. Just before we moved up here we were back on high ground and I could see a little village all on fire. The artillery shells were really dropping into it and after a while the enemy pulled out. They just couldn't stand it and I don't blame them for pulling out. It is a tough proposition to be on the receiving end when those big shells come busting down."

Shells tore big holes in the surrounding forest, Capt. Hewett said, and trees were scarred by flying shrapnel for 100 yards in every direction. Had the Germans elected to defend the position which was later used as the American com-

CAPT. OTIS C. HEWETT.

said, and a friend caught sever[al] fine specimens. He added, som[e]what regretfully, that he had

Ruines d'une casemate de la ligne Siegfried, dont le camouflage vert sapin est toujours bien visible !

Les ruisseaux des montagnes allemandes regorgent de belles truites brunes, dit-il, et un ami a attrapé plusieurs beaux spécimens. Il ajouta, avec un certain regret, qu'il n'avait pas pu pêcher de son côté, mais qu'il se consolait en se disant qu'il préférait attendre de pêcher dans des endroits familiers du Vermont. "Les tirs d'artillerie incessants rendent fatalistes la plupart des hommes concernant leurs chances de survie", dit Hewett. "Quand on se lève pour aller chercher un café à la cuisine et qu'à notre retour on découvre un grand cratère là où on était assis peu de temps auparavant, ou bien son sac à dos criblé d'éclats d'obus... On finit par le devenir. »

Personne ne sort complètement indemne d'un bombardement. Début septembre, le journaliste Ernie Pyle, qui avait subi ceux de l'opération *Cobra*, annonce dans le *Stars and Stripes* devoir raccrocher les gants, au moins pour un moment. Otis joint l'article dans une lettre à Judy : « *Je regrette terriblement de partir maintenant, mais je n'en peux plus. J'ai été plongé dedans trop longtemps. Mes pensées sont instables et mon esprit est confus.*

La souffrance est finalement devenue trop grande. Tout à coup, il m'a semblé que si j'entendais encore un coup de feu ou si je voyais encore un mort, je deviendrais dingue. Et si j'avais écrit une colonne de plus, je m'effondrerais. Alors, je m'en vais. Il se peut que quelques mois de paix me redonnent un peu d'entrain pour remonter mon cheval de guerre dans le Pacifique. Je vais voir ce qu'un peu de soleil du Nouveau-Mexique peut faire pour moi. » Otis, qui a marqué cet extrait d'une petite étoile, commente dans sa lettre : « *Je sais exactement ce qu'il entend par cette déclaration et crois-moi, beaucoup d'autres ici partagent le même sentiment !* » Néanmoins, Otis et ses hommes ne pourraient bénéficier du même privilège de quitter l'Europe s'ils le souhaitaient, en tout cas pas tant que la guerre continue. D'ailleurs, les Allemands sont bien résolus à tenir la ligne Siegfried et l'entrée du Reich. C'est pourquoi le front de la *4th Infantry Division*, qui s'étend sur 25 kilomètres, ne peut plus avancer sans soutien supplémentaire.

Les Américains doivent faire halte, se retrancher et attendre les prochains ordres... Otis écrit à Judy le 20 septembre : « *Je n'ai pas eu grand-chose à faire aujourd'hui. C'est rarement le cas dans une phase plus ou moins stagnante comme celle que nous traversons. Ce sera la quatrième nuit passée à dormir dans ces casemates en béton et en acier. Cet après-midi, quand tout était calme, j'ai passé beaucoup de temps assis à penser aux moments de bonheur que toi et moi avons passés ensemble au cours de ces dernières années de vie conjugale. C'était assez inhabituel. En général, nous avons tellement de responsabilités et si peu de temps pour les exercer que nous avons rarement le loisir de nous poser et de laisser nos pensées vagabonder où elles le voudraient.* [...] *Je n'avais pas réalisé à quel point nous nous amusions à l'époque, et toi ? Mais maintenant, quand j'y repense, je me rends compte que ce furent les plus beaux jours de ma vie. Je me souviens de tant de belles choses, ma chérie, et pas seulement des fêtes. Je me rappelle tous les endroits où nous avons vécu et je me suis mis à penser à la chance que j'avais d'avoir une femme aussi merveilleuse que toi. Personne ne pourrait espérer plus de bonheur dans une vie que nous dans ces premières années. Je crois que lorsque nous étions ensemble, je ne te le disais pas beaucoup, car je devais considérer que c'était une évidence* [...]. *Tout ce pour quoi je prie aujourd'hui, c'est une victoire la plus rapide possible afin que je puisse rentrer chez nous et que nous reprenions notre vie là où nous l'avons laissée.*

Ces maudits Jerries ont commencé à nous envoyer un paquet d'obus d'artillerie et de roquettes en fin d'après-midi. Personne n'a été blessé, mais c'était très déplaisant. Nous nous sommes donc installés dans les casemates que les Boches avaient si bien construites pour nous protéger et nous avons continué notre discussion là-bas ! On ne pouvait pas trouver un meilleur endroit dans de telles conditions. [...] *Maintenant que nous sommes en Allemagne, les choses sont différentes. Les civils ne sont pas ouvertement hostiles, mais ils ne sont pas amicaux, et nous ne leur en voulons pas. Ils ne sont pas particulièrement désireux de nous offrir quoi que ce soit. Mais quand nous avons chassé les Allemands des positions que nous occupons actuellement, nous en avons tué un grand nombre et les autres se sont retirés précipitamment, et ils ont laissé derrière eux plusieurs vélos. L'interprète* [le résistant belge qui s'était porté volontaire pour accompagner Otis, mentionné dans une lettre précédente] *a pris deux vélos et est parti en jeep. Quelques heures plus tard, il est revenu avec deux cochons. Pas mal, n'est-ce pas ? Échanger deux vélos allemands contre deux cochons allemands... Le lendemain, il est parti avec un autre vélo et il est revenu avec une quantité d'œufs, de pommes de terre et de poulets. Voilà comment nous avons organisé un festin de poulet aujourd'hui sans rien acheter. Je ne sais pas comment nous ferons quand "Pop" (comme nous l'appelons tous maintenant) nous aura quittés. Il va nous manquer.* [...] *Tu peux donc être rassurée sur le fait que nous nous débrouillons bien ici grâce à l'ingéniosité américaine et à un interprète, que nous ne connaissons pas la faim et que nous ne nous contentons pas de rations C !* [...]

Cet après-midi, deux officiers dans l'un de nos bataillons ont été tués par des mines [il s'agit probablement des lieutenants

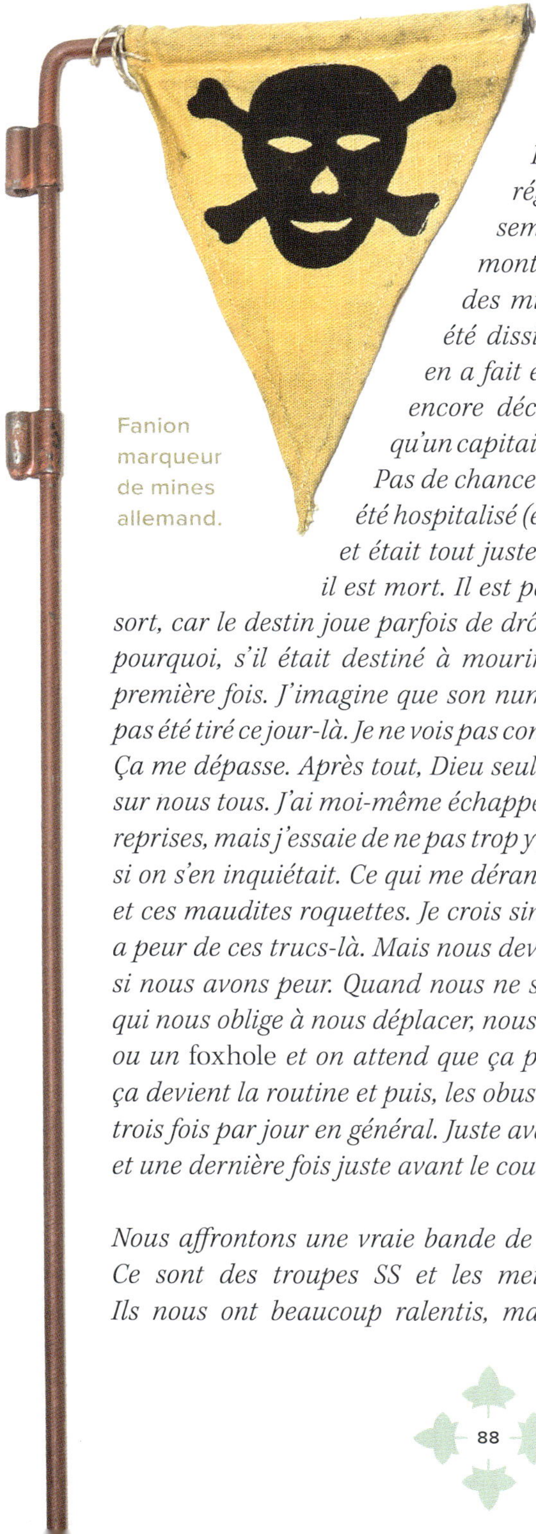

Fanion marqueur de mines allemand.

Edward H. Buckles et Michael D'Agostino, du *2nd Battalion*]. *L'un d'eux était un très bon ami à moi. Il était en service au QG du régiment il y a encore deux semaines. Lui et un autre officier montraient à un sapeur du Génie des mines allemandes qui avaient été dissimulées dans leur secteur. Il en a fait exploser une qu'il n'avait pas encore découverte et elle l'a tué ainsi qu'un capitaine qui se trouvait à proximité. Pas de chance. Il avait déjà été blessé, avait été hospitalisé (et avait reçu la* Purple Heart*) et était tout juste de retour au combat quand il est mort. Il est parfois difficile d'accepter son sort, car le destin joue parfois de drôles de tours. On se demande pourquoi, s'il était destiné à mourir, ça n'avait pas été fatal la première fois. J'imagine que son numéro n'avait tout simplement pas été tiré ce jour-là. Je ne vois pas comment l'expliquer autrement. Ça me dépasse. Après tout, Dieu seul le sait, car c'est lui qui veille sur nous tous. J'ai moi-même échappé à la mort de peu à quelques reprises, mais j'essaie de ne pas trop y penser. Ça nous rendrait fous si on s'en inquiétait. Ce qui me dérange le plus, c'est leur artillerie et ces maudites roquettes. Je crois sincèrement que tout le monde a peur de ces trucs-là. Mais nous devons faire notre boulot, même si nous avons peur. Quand nous ne sommes pas sur une mission qui nous oblige à nous déplacer, nous nous réfugions dans un abri ou un* foxhole *et on attend que ça passe. Au bout d'un moment, ça devient la routine et puis, les obus ne nous tombent dessus que trois fois par jour en général. Juste avant le lever du jour, vers midi et une dernière fois juste avant le coucher du soleil.*

Nous affrontons une vraie bande de durs à cuire en ce moment. Ce sont des troupes SS et les meilleures que Hitler possède. Ils nous ont beaucoup ralentis, mais ils ne peuvent pas nous immobiliser longtemps. De toutes les forces ennemies, elles sont les plus impitoyables et elles ont juré de tuer tous les Américains qu'elles croiseraient. Certains des gars dans l'un de nos bataillons sont furieux cet après-midi. Cinq SS ont intercepté une jeep qui transportait trois blessés vers le poste de secours. Les blessés étaient si gravement atteints qu'ils étaient totalement sans défense. Les SS ont tiré sur le conducteur de la jeep et ont achevé les trois blessés à coups de crosse de fusil. Ça te donne une idée de leur cruauté et de la raison pour laquelle nous les haïssons tant. Nos hommes ont juré qu'ils ne feraient plus aucun prisonnier allemand pour le restant de la guerre. En principe, les soldats américains ne sont pas de ce genre. Ils ont un profond respect des valeurs morales et sont très beaux joueurs. Mais on ne peut pas vraiment leur en vouloir pour leur état d'esprit actuel. Je suis convaincu qu'il n'y a pas d'autre manière de combattre un ennemi qui utilise de pareilles tactiques... Tu dois te demander pourquoi je ne cesse de parler de la guerre. On dirait que ça me trotte continuellement dans la tête. Peut-être que c'est normal, si l'on considère que nous vivons là-dedans depuis si longtemps, en permanence, jour et nuit. »

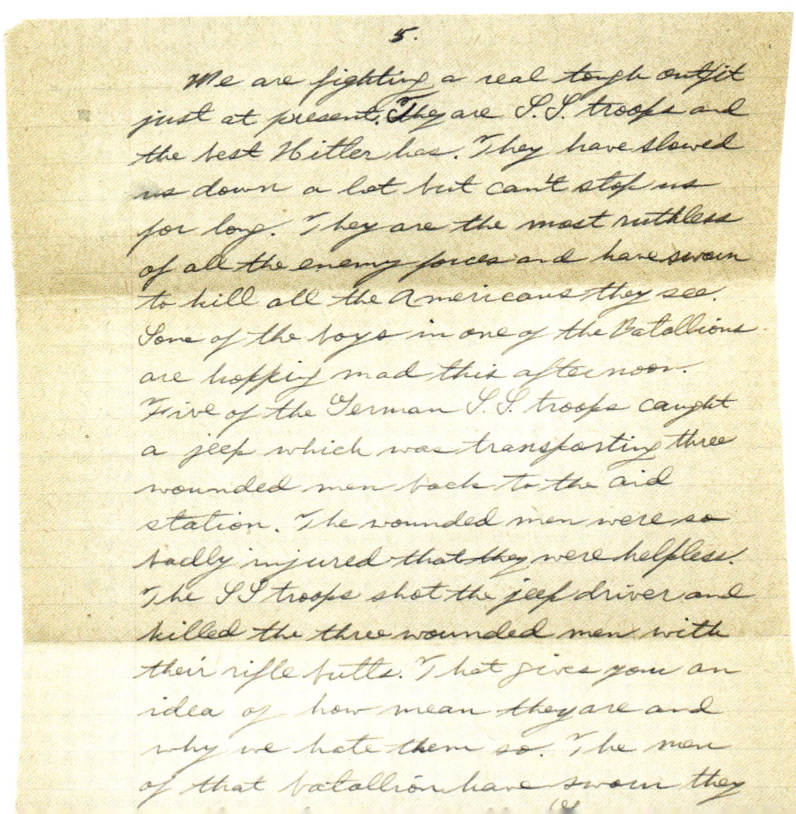

5.

We are fighting a real tough outfit just at present. They are S.S. troops and the best Hitler has. They have slowed us down a lot but can't stop us for long. They are the most ruthless of all the enemy forces and have sworn to kill all the Americans they see. Some of the boys in one of the Battalions are hopping mad this afternoon. Five of the German S.S. troops caught a jeep which was transporting three wounded men back to the aid station. The wounded men were so badly injured that they were helpless. The S.S troops shot the jeep driver and killed the three wounded men with their rifle butts. That gives you an idea of how mean they are and why we hate them so. The men of that battalion have sworn they

Le 22 septembre, la situation n'a toujours pas évolué : « *Ils nous ont complètement paralysés et ce soir, nous occupons toujours les mêmes vieilles casemates. Ça ne nous réjouit absolument pas, même si nous savons maintenant que nous faisons le boulot qu'on attend de nous, c'est-à-dire empêcher les Allemands de percer dans notre secteur. Nous pouvons avancer, mais à un coût effroyable en vies humaines, alors nous devons simplement continuer à tenir et à améliorer nos positions. Je serai soulagé quand nous partirons d'ici. Je crois t'avoir dit dans des lettres précédentes que ces casemates en béton sont assez profondément enfouies dans le sol et qu'elles sont construites en béton et renforcées par de l'acier. Elles sont très froides et humides. Les murs et les sols en ciment transpirent continuellement et tu as peut-être remarqué dans certaines de mes lettres que l'eau tombe de temps en temps et souille l'écriture. Bien sûr, je ne devrais pas me plaindre car elles fournissent une excellente protection contre les raids aériens et les obus d'artillerie.* [...] *Notre interprète est toujours aussi efficace au troc et demain pour le dîner, nous aurons un steak de bœuf pour changer. Je n'ai pas mangé de steak depuis que j'ai quitté le dépôt de remplaçants à Sainte-Mère-Église. Ça me semble être il y a une éternité. Je suppose qu'on n'apprécie jamais à leur juste valeur toutes ces choses qu'on obtient si aisément dans la vie normale. Ce n'est que lorsqu'elles deviennent introuvables que l'on réalise à quel point c'est un luxe de pouvoir choisir son menu à la maison...* [...]

Nous combattons l'ennemi dans des zones densément boisées et il dispose de réserves assez importantes et de bonnes positions défensives avec une artillerie de soutien bien fournie. Les nouvelles sur tous les autres fronts semblent très bonnes ces jours-ci, mais j'ai remarqué un article dans le numéro d'août du magazine Coronet *qui exprime très bien notre point de vue. Il stipule : "Les nouvelles de la guerre vous mettent du baume au cœur, si vous ne vous demandez pas combien d'Américains meurent pour les rendre bonnes". Notre commandant de régiment, le colonel Rodwell, pour lequel j'ai tant de respect, nous quitte demain. Il va avoir une nouvelle affectation en tant que commandant adjoint d'une autre division* [James S. Rodwell sera avec la *9th Infantry*

Division pour revenir trois semaines plus tard en tant que commandant adjoint de la *4th Division*]. *Il sera promu au grade de brigadier général (une étoile) dans un futur très proche. C'était un officier splendide et tout le monde ici est triste à l'idée de son départ.* [...] *Nous donnons aux Allemands de notre secteur un tabassage en règle, mais ils continuent à faire affluer de nouvelles réserves chaque nuit et nous en éliminons un autre groupe chaque jour. Ils finiront par devoir se replier, mais pour l'instant, ils nous bloquent depuis plusieurs jours. C'est lent, difficile et ils épuisent aussi nos réserves. Mais il n'y a pas le moindre doute dans mon esprit quant au fait que nous remporterons une victoire décisive ici dans deux ou trois jours.* »

Ce ne sera pas le cas. Mais mise à part la situation d'Otis et de ses hommes dans les bois près de Schoenberg (à l'est de Saint-Vith), les nouvelles « semblent » en effet bonnes sur tous les fronts, comme l'indique le bulletin de la division *Ivy Leaf* du 22 septembre qu'Otis joint à sa lettre (page suivante) : « *Les troupes polonaises venues du ciel ont sauté hier pour venir en aide aux forces aéroportées à Arnhem et d'autres ravitaillements ont été largués. Les chasseurs américains, couvrant cette opération, ont abattu 20 avions allemands pour la perte de quatre d'entre eux. Les Alliés ont repoussé d'autres incursions dans le corridor qui relie Nimègue à la frontière belge. À certains endroits, ce couloir fait maintenant 40 kilomètres de large* [néanmoins, trois jours plus tard, *Operation Market Garden* sera considérée comme un échec cuisant, en particulier pour les troupes aéroportées britanniques encerclées, incapables de tenir Arnhem malgré leur résistance héroïque, et les parachutistes américains défendant le couloir surnommé *Hell's Highway* : les Alliés subiront plus de 15 000 pertes sans parvenir à franchir le Rhin].

Les troupes de la 1st US Army *se battent autour d'Aachen* [Aix-la-Chapelle], *qui serait en proie aux flammes* [les combats de rue autour et dans la ville dureront en fait des semaines]. *La* 3rd US Army *a creusé un large saillant de l'autre côté de la Moselle et a commencé à attaquer le fleuve suivant* [en réalité, les troupes du général Patton à court d'essence n'iront pas beaucoup plus loin, aux prises avec les Allemands retranchés à Metz et Nancy : la bataille de Lorraine causera plus de 55000 pertes à la *3rd Army*, dont 6657 tués]. *Les troupes canadiennes resserrent progressivement leur emprise sur Calais et Dunkerque* [ces deux villes, dont les ports d'une importance stratégique pour les Allemands sont défendus jusqu'au dernier homme et la dernière balle, ne tomberont finalement... qu'en mai 1945 ! Elles comptent parmi les 14 « poches de l'Atlantique » oubliées par les Alliés qui préfèrent foncer vers Berlin].

Les troupes grecques de la 8th Army [britannique] *ont chassé les Allemands de Rimini* [Italie]. *La* 5th Army [américaine] *s'enfonce de plus en plus dans les positions de la ligne Gothique au nord de Florence* [en fait, ils seront eux aussi ralentis par les terribles conditions hivernales et les robustes positions défensives allemandes, qui ne céderont qu'au printemps 1945 !]. *Les troupes russes, après avoir franchi les Alpes de Transylvanie, se déploient dans la plaine d'Europe centrale et ont atteint des points à 30 kilomètres de la Hongrie.* »

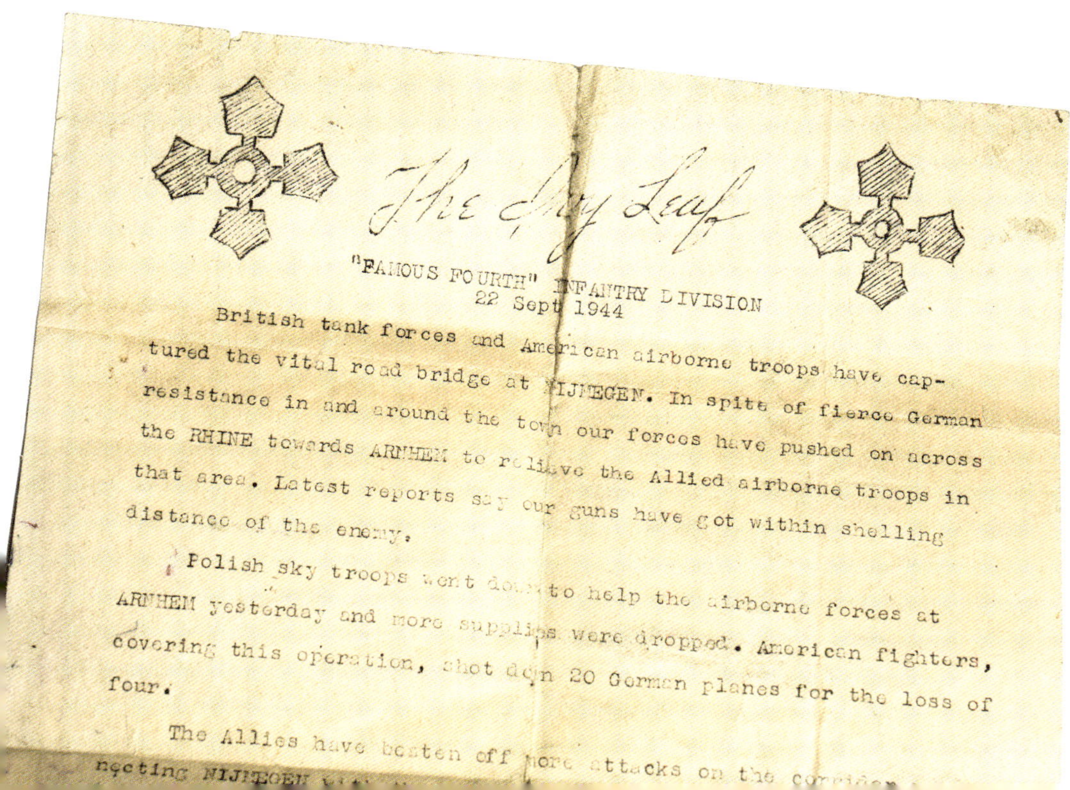

The Ivy Leaf

"FAMOUS FOURTH" INFANTRY DIVISION
22 Sept 1944

British tank forces and American airborne troops have captured the vital road bridge at NIJMEGEN. In spite of fierce German resistance in and around the town our forces have pushed on across the RHINE towards ARNHEM to relieve the Allied airborne troops in that area. Latest reports say our guns have got within shelling distance of the enemy.

Polish sky troops went down to help the airborne forces at ARNHEM yesterday and more supplies were dropped. American fighters, covering this operation, shot down 20 German planes for the loss of four.

The Allies have beaten off more attacks on the corridor connecting NIJMEGEN [illegible]

FROID, HUMIDE ET GLUANT

Le 8 octobre, Otis a enfin quitté son *bunker* car la division s'est déplacée vers Büllingen (Belgique) trois jours plus tôt, pour une attaque qui ne s'est finalement jamais concrétisée. Elle y passera un mois de plus dans les mêmes conditions de pluie et de froid, freinant à la fois le déplacement des troupes et la distribution du courrier : « *Chérie, je n'aime pas la remarque que tu as faite dans ta lettre du 25 septembre. Tu émettais l'hypothèse que je ne t'aimais plus et que je ne t'écrirais plus jamais. Tu dis aussi dans la même lettre que si tu n'as pas de nouvelles de moi bientôt, tu supposeras que j'ai une nouvelle petite amie (une de ces jolies Françaises). Si seulement tu voyais la triste réalité ! Je n'ai pas vu une jolie fille depuis longtemps. La dernière fille que j'ai vue était d'une famille allemande et son mari était dans l'armée (troupes SS) et un autre membre de sa famille, également dans l'armée allemande, est prisonnier de guerre aux États-Unis. Tu ne penses quand même pas que ces femmes m'attirent ? Au cas où ce serait le cas, la réponse est définitivement NON ! Peut-être blaguais-tu lorsque tu as formulé ces remarques. J'espère bien que oui. Après tout ce temps, tu devrais quand même savoir que je n'aime que toi !*

Depuis que nous avons quitté les casemates dont je t'ai parlé, nous vivons dans des tranchées couvertes et travaillons dans des abris souterrains. Nous creusons des fosses dans le sol, nous utilisons des sacs de sable pour construire des parois et nous plaçons des rondins sur le dessus avec plusieurs dizaines de centimètres de terre pour nous protéger des fragments d'obus et des éclats. Tu te souviens sûrement de ceux que j'ai ramassés à Fort Benning et que j'ai ramenés à la maison. Ce sont des choses très peu agréables à entendre bourdonner et à voir voler dans les airs. J'espère que tu n'en feras jamais l'expérience. Nous ne subissons pas énormément de bombardements, mais on ne peut jamais savoir si ils vont nous balancer quelques obus dans la minute. Nous ne prenons donc aucun risque et nous creusons toujours des abris à chaque fois que nous devons nous arrêter en terrain découvert. Bien sûr, nous occupons des casemates ou des maisons aux murs de pierre épais chaque fois que c'est possible, mais la plupart du temps, nous devons nous contenter de construire des abris souterrains dans les bois. Ça ne change pas grand-chose pour nous, sauf qu'il y a plus de place dans les casemates et les maisons et que c'est un peu plus confortable.

Je me demande si tu as déjà reçu les deux boîtes de souvenirs que je t'ai envoyées. Tu ne m'as jamais dit non plus si l'une de mes lettres avait été censurée ou, en tout cas, si tu l'as fait je n'ai pas encore reçu l'information [depuis son arrivée sur le front, elles ne l'ont pas été, bien qu'Otis donne de nombreux détails sur le déroulement des opérations. C'est à la fois inhabituel et risqué, car si les lettres tombent entre les mains de l'ennemi, même si les lieux ne sont pas divulgués, elles pourraient leur donner des indications sur les tactiques, les habitudes ou le moral des Alliés. En tant qu'officier, Otis censure en fait son propre courrier, probablement en plus des lettres de ses hommes, en signant en bas à gauche de l'enveloppe. Seules les lettres écrites au dépôt de remplaçants ont été effectivement censurées par un tiers, bien qu'aucun contenu n'ait jamais été découpé ou noirci par le censeur de la base]. *Il est à peine 21 h 30 ici et il commence à faire un peu froid. Je suppose que je vais finir cette lettre et rejoindre ma tranchée. Il fait nuit noire dehors dans les bois et on ne voit strictement rien. Je finirai sans doute par trébucher sur un fichu tronc d'arbre ou par tomber dans un* foxhole *avant de trouver mon couchage ce soir.*

Lampe torche TL-122B américaine en plastique, avec bouton-poussoir pour l'envoi de signaux en morse.

Ma chérie ! Rappelle-toi que je t'écrirai aussi souvent qu'il est humainement possible de le faire, alors si les lettres n'arrivent pas aussi souvent que tu le souhaites, c'est parce que la situation tactique ici au front m'occupe à tel point que je n'ai pas le temps d'y penser. La pluie et toutes ces choses sont un obstacle que je ne peux pas surmonter. Avec tout mon amour. »

Otis tient sa promesse et écrit le lendemain : « *J'ai un peu de temps ce soir en attendant la validation de certains rapports par le Vieil Homme, je vais donc t'écrire cette lettre que je t'ai promise depuis longtemps. J'ai rarement l'occasion de le faire par les temps qui courent, alors je vais en profiter ce soir.* [...] *Je vais y joindre quelques coupures de presse que tu pourras lire sans difficulté. Celle que j'ai marquée d'un X m'intéresse particulièrement car j'ai conduit le journaliste (Jimmie Cannon) au PC régimentaire avec moi depuis le QG de la division quand j'y étais pour quelques jours en tant qu'officier de liaison, en remplacement d'un officier qui avait une main blessée. Je pense qu'il a signé un très bon article décrivant avec justesse notre quotidien ici. Il en a dit davantage sur cet endroit que ce que nous sommes autorisés à raconter, donc nul doute que tu le trouveras intéressant.* »

L'article en question, titré « C'est froid, c'est humide, c'est gluant – c'est le quotidien du GI aujourd'hui sur le front » : « *Au cœur de la ligne Siegfried, 8 octobre – Ce matin et tous les matins depuis deux semaines, la brume a fait son apparition sur les crêtes escarpées qui bordent les routes. Mais dans les forêts montagneuses où les patrouilles étaient déployées, c'était comme si minuit avait frappé à midi. Les pins aux troncs minces et droits, dont les branches s'affaissent sous les pluies incessantes, cachaient le ciel et produisaient leur propre nuit. Les crêtes arborées portent le nom de monts Schnee-Eifel et rappellent les Poconos en Pennsylvanie. Vous les*

X

A Report From the Siegfried Sinkholes

It's Cold, It's Wet, It's Slimy— That's GI Life Today at Front

By Jimmy Cannon

Stars and Stripes Staff Writer.

INSIDE THE SIEGFRIED LINE, Oct. 8.—On this morning and every morning for the last two weeks the mists have made a twilight on the steep ridges along the roads. But in the forests of the mountains where the patrols were out and working, it was as though midnight had struck at noon. The thin-trunked, straight-masted firs, their branches sagging with the constant rains, hid the sky and made their own night.

The tree-crested ridges are called the Schnee-Eifel Mountains and they resemble the Poconos in Pennsylvania. You would call them beautiful if you were just driving through.

The forest is called the Wald Forest, and that means wild in German.

The men of the division are dug in and they have shoveled rooms out of the slimy earth and covered them with shelter halves. They suffer in the foxholes from the continual rain and the foggy cold. Fires burn in the glades behind the line and you can smell the leather and the cloth as the men put shoes and wet clothing over the flames. Jeeps snort and claw and slide along the ridges. Other cars are prisoners of the mud and have to be dug out. Afoot the infantrymen trudge through the slup up to their calves.

There is little action except shelling, plus the patrols' work in the woods. Now and then a man is blown to bits as the Germans push night patrols into company areas to mine the roads.

But the rain-wet, cold pinched men of this division still crack wise as they try to kill the long aching hours in the foxholes.

There was a fable that a dogled patrol had been seen.

qualifieriez de magnifiques si vous ne faisiez que passer. La forêt s'appelle la Wald, qui signifie "sauvage" en allemand. Les hommes de la division y sont retranchés et ils ont creusé des habitations dans la terre gluante, recouvertes de toiles de tente. Ils endurent dans leurs foxholes *la pluie incessante et le froid glacial. Des feux sont allumés dans les clairières situées en arrière de la ligne et on peut sentir l'odeur du cuir et du tissu lorsque les hommes mettent des chaussures et des vêtements mouillés au-dessus des flammes. Les jeeps grognent et crachent en glissant le long des crêtes. D'autres véhicules sont prisonniers de la boue et doivent être dégagés. Les fantassins marchent dans la gadoue jusqu'à leurs mollets. Il y a peu d'action, à part les bombardements et le pistage des patrouilles dans les bois. De temps à autre, un homme explose en morceaux lorsqu'une patrouille allemande tente une incursion de nuit dans le secteur de la compagnie pour miner les routes. Mais les hommes de cette division, trempés et transis de froid, n'ont pas perdu leur sens de l'humour et blaguent pour tuer les longues heures de souffrance dans leurs tranchées. Une rumeur raconte qu'une patrouille canine a été signalée : "S'ils peuvent entraîner un chien à diriger une patrouille, je devrais pouvoir en former un à tirer à ma place au fusil M1 et me barrer à Paris", plaisantent les gars. Ils mentionnent également une nouvelle arme ennemie : "Un char pour 60 hommes... un Boche dirige et les autres pagayent, parce qu'ils n'ont plus d'essence !"* »

Le parc national Eifel s'étend sur 10 700 hectares et comprend dans sa partie nord la fameuse forêt de Hürtgen...

Otis poursuit : « *Je crois que je t'ai récemment envoyé un article sur le capitaine Crisson* [voir extrait page suivante] *décrivant une altercation qu'il a eue avec les Allemands. Il en a tué trois et s'est échappé. Il a eu une expérience similaire aujourd'hui et a finalement été récupéré par une autre unité. Il est sain et sauf, mais il a été sévèrement malmené. Ces satanés Allemands utilisent des moyens plutôt brutaux pour tenter d'obtenir des renseignements. Il a de la chance d'être encore en vie après avoir subi deux épreuves de ce genre. Il y a quelque temps, nous avons pris un entrepôt qui contenait des milliers de couvertures de l'armée allemande. J'en ai deux et elles sont très chaudes même si elles sont extraordinairement lourdes et épaisses. Elles ne sont pas d'aussi bonne qualité que les couvertures de l'armée américaine, mais elles se sont avérées très utiles par ce temps froid. Tous nos hommes ont maintenant trois couvertures et certains en ont une quatrième. Ils portent tous des capotes en laine à présent. Je n'ai pas encore commencé à porter mon manteau Mackinaw, j'attends des temps encore plus frais pour l'apprécier davantage. Jusqu'à maintenant, j'ai réussi à rester suffisamment au chaud sans lui, mais je vais commencer à le porter d'ici peu si la température continue à baisser. Je me demande souvent comment ma chérie fait pour supporter ces nuits froides en dormant toute seule. Je me demande aussi régulièrement si je te manque autant que tu me manques. Je t'aime plus que tu ne le sauras jamais, ma chérie, et je pense à toi et prie pour toi en permanence.*

Je t'envie aussi ma chérie, car tu auras bientôt un autre oreiller pour prendre ma place dès que le bébé arrivera. Je me demande constamment s'il s'agira d'un garçon ou d'une fille. Non pas que cela fasse une différence, car je sais que j'aimerai l'un autant que l'autre. Tu m'as dit que si c'était un garçon, tu l'appellerais Richard ou Robert, avec Richard comme premier choix [ce sera un garçon, finalement dénommé Robert]. *Tu ne m'as jamais dit quel nom tu avais choisi au cas où ce serait une fille. Assure-toi d'inclure cette réponse dans ta prochaine lettre. Si seulement j'avais un moyen de savoir quand le grand événement aura lieu, je te ferais envoyer une surprise. J'aimerais bien qu'il y ait un moyen de le savoir.*

Je suppose que je vais devoir choisir une date au début du mois de novembre et prévoir mes plans en conséquence ! »

L'article mentionné précédemment sur le capitaine Crisson (extrait du *Stars and Stripes*, 25 septembre 1944, marqué d'une note manuscrite d'Otis disant « *Je connais très bien le capitaine Crisson, c'est un excellent officier* ») : « *La nuit où des Yanks ont joué les morts pour tromper les nazis (avec la quatrième division d'infanterie, le 24 septembre) – Des membres du huitième régiment de cette division ont simulé la mort et ont permis aux Allemands d'utiliser leurs corps comme couverture et repose-fusil lors d'une opération récente. Cet événement fut le résultat d'une tentative des Yanks visant à atteindre un objectif sous couvert de l'obscurité. Pour le capitaine Robert Crisson de Birmingham (Alabama) qui était en charge de l'opération, la nuit a apporté son lot d'expériences haletantes au cours desquelles il s'est fait tirer dessus à d'innombrables reprises, s'est fait frapper par un nazi et a échappé de peu à sa capture. En s'approchant de l'objectif, des éléments arrière du bataillon se trouvèrent séparés du groupe. Pendant que le commandant du bataillon cherchait à localiser ses hommes égarés, Crisson dirigeait le groupe de tête qui poussait vers l'avant. Leur présence détectée, ils furent attaqués par six chars allemands et une centaine de soldats. "Ils ont envoyé une volée de balles traçantes en plein sur notre position" raconte Crisson. "Tous types d'obus et des 88* [un puissant canon antiaérien de 88 mm utilisé par les Allemands comme artillerie de campagne et comme arme antichar, terreur des soldats alliés] *se mirent à exploser tout autour de nous. C'était l'enfer. Certains des hommes ont fait semblant d'être morts parce qu'ils se trouvaient juste en face des chars qui tiraient sur le bord de la route.*

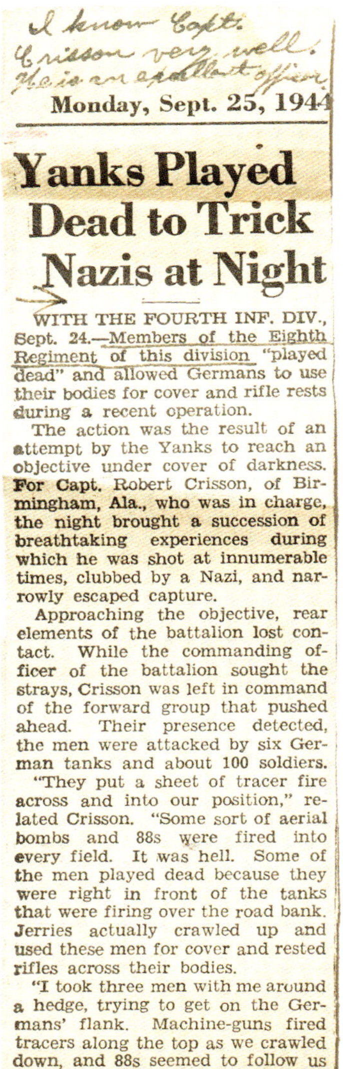

I know Capt. Crisson very well. He is an excellent officer.

Monday, Sept. 25, 1944

Yanks Played Dead to Trick Nazis at Night

WITH THE FOURTH INF. DIV., Sept. 24.—Members of the Eighth Regiment of this division "played dead" and allowed Germans to use their bodies for cover and rifle rests during a recent operation.

The action was the result of an attempt by the Yanks to reach an objective under cover of darkness. For Capt. Robert Crisson, of Birmingham, Ala., who was in charge, the night brought a succession of breathtaking experiences during which he was shot at innumerable times, clubbed by a Nazi, and narrowly escaped capture.

Approaching the objective, rear elements of the battalion lost contact. While the commanding officer of the battalion sought the strays, Crisson was left in command of the forward group that pushed ahead. Their presence detected, the men were attacked by six German tanks and about 100 soldiers.

"They put a sheet of tracer fire across and into our position," related Crisson. "Some sort of aerial bombs and 88s were fired into every field. It was hell. Some of the men played dead because they were right in front of the tanks that were firing over the road bank. Jerries actually crawled up and used these men for cover and rested rifles across their bodies.

"I took three men with me around a hedge, trying to get on the Germans' flank. Machine-guns fired tracers along the top as we crawled down, and 88s seemed to follow us

Les Allemands ont même rampé vers eux pour utiliser leurs corps comme protection et repose-fusil. J'ai emmené trois hommes avec moi le long d'une haie, pour essayer de prendre les Allemands par le flanc. Les mitrailleuses tiraient des balles traçantes à travers la haie pendant que nous rampions juste en dessous, et les 88 semblaient nous suivre tout du long. Quand j'ai atteint le bout de la haie, une partie de mon groupe avait été décimée. En jetant un coup d'œil par-dessus la haie, je me suis trouvé face à trois Jerries faisant de même. Nous étions si proches que nous pouvions nous serrer la main. Ils ont essayé de me frapper, mais je leur ai tiré dessus plusieurs fois à bout portant. L'un d'eux m'a cogné l'épaule avec la crosse de son fusil, et je ne sais pas avec quoi ils m'ont heurté la jambe, mais ça m'a fait un sacré bleu. J'ai atteint le salaud qui m'a frappé à l'épaule avec un coup de crosse rapide. Il a gémi et est tombé sur les deux que j'avais abattus. La première chose à laquelle j'ai pensé a été d'aller chercher de l'aide. Je me suis mis à courir et à ramper sur plusieurs centaines de mètres en plein territoire Jerry pour échapper aux tirs. Ils ne me lâchaient pas d'une semelle. J'ai abandonné mon équipement pour me déplacer plus discrètement. Ma boussole avait été brisée, si bien qu'en peu de temps, je me suis perdu. Il faisait alors jour, et je vis des chars et des véhicules de Jerry qui avaient été abandonnés à la hâte, je savais donc que la quatrième division les avait fait fuir. »

Boussole M1938 américaine, de fabrication W. & L.E. Gurley. Basée à Troy, New York, c'est la seule entreprise avec la Taylor Instrument Company à produire cet équipement.

Quand le fantassin se contente d'un trou rempli d'eau, les officiers ou les plus débrouillards construisent des abris parfois très élaborés, lorsque l'ennemi leur en laisse le temps : ici, des huttes américaines installées dans la forêt de Hürtgen.

Le 10 octobre, Otis termine enfin la tranchée-abri dont il avait parlé à sa femme deux jours plus tôt : « *J'ai passé la journée à améliorer notre abri. Je vais essayer de te le décrire et peut-être qu'avec quelques schémas, je pourrai te faire comprendre dans quel genre d'endroit nous vivons. Quand je dis "nous", je veux dire le capitaine Glaze* [*Captain* Francis W. Glaze Jr.], *le lieutenant Holuba* [très probablement le lieutenant Laurence G. Holuba] *et moi-même. Nous dormons tous dans le même abri. Nous avons eu beaucoup de mal à le terminer à cause de diverses interruptions, de problèmes à régler et de missions qui nous étaient confiées de temps à autre par le commandant en second du régiment et qui nécessitaient la supervision d'officiers, si bien qu'il était rare que nous ayons tous les trois la possibilité de mener notre chantier à bien en même temps. Tard dans la soirée, nous l'avons fini et c'est un petit nid assez confortable si j'ose dire. Nous l'avons achevé au* point que nous avons même un petit poêle fait maison dedans, ce qui le rend chaud et douillet. Je vais essayer de te décrire la manière dont nous l'avons bâti. Nous avons d'abord creusé un trou d'environ 90 centimètres de profondeur, 200 de long et 170 de large. Puis nous avons pris des sacs de sable et des bûches de pin et nous l'avons élevé de 60 centimètres supplémentaires et recouvert le dessus de rondins de bois, de terre et d'une bâche imperméable. Le trou par lequel nous entrons est presque complètement fermé, car nous avons laissé une ouverture à peine assez grande pour s'y faufiler. Nous pensons que c'est une bonne chose, car plus l'ouverture est grande, plus les éclats d'obus ont de chances d'y entrer. Une fois que nous avons fini de creuser, nous avons inséré le poêle maison fait à partir d'une grande boîte de conserve de forme rectangulaire que nous nous sommes procurée dans la cuisine et nous l'avons équipée d'un tuyau et d'un pare-étincelles sur le dessus. Je vais essayer d'en faire un dessin pour te donner un meilleur aperçu de ce que ça donne :

VUE DE CÔTÉ DE NOTRE ABRI

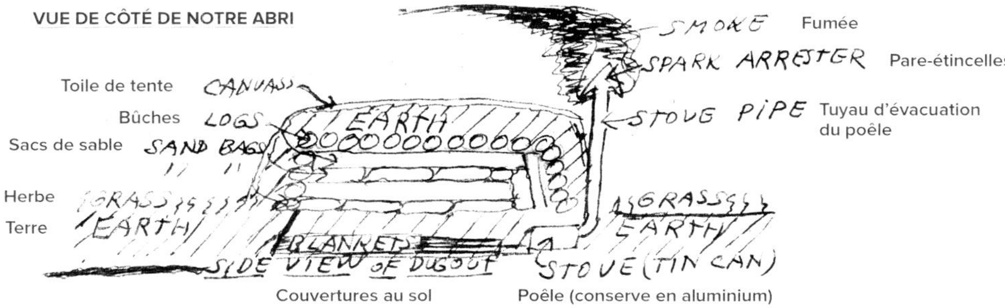

Bon, ma chérie, maintenant que le dessin est terminé, je suis enclin à penser qu'il va apporter plus de confusion qu'autre chose. Je n'ai jamais eu de talent artistique, donc je pense que c'est un mauvais croquis. Nous avons camouflé la structure après l'avoir terminée, de sorte qu'à quelques mètres de distance, on ne voit rien d'autre qu'un monticule de terre. C'est dans une forêt assez dense et on ne le remarque pas du tout tant qu'on n'est pas carrément dessus. Il y a quelques soldats dans la compagnie qui sont des artistes très doués. Si l'un d'eux a du temps libre demain, je demanderai à quelqu'un de faire un dessin de l'intérieur de notre abri.

Nous n'avons pas le moindre espace pour bouger quand nous sommes tous couchés sur le dos. Je dirais presque la vérité si je disais que si nous voulions nous mettre sur le côté, nous devons le faire tous ensemble et en même temps. Cependant, nous sommes bien au chaud et on sera très bien tout le temps qu'on restera ici. Dans quelques jours, nous pourrons améliorer encore l'endroit en enfonçant quelques clous sur le côté des rondins pour y accrocher des vêtements et du matériel sur les murs. Une chose que j'espère que tu comprendras, ma chérie, c'est que nous nous arrêtons rarement assez longtemps quelque part pour construire un tel abri. Il nous a fallu deux jours entiers en travaillant quelques minutes par-ci par-là pour celui-ci. On s'est dit qu'il fallait faire au mieux avec les conditions actuelles, alors on a fait un effort considérable pour améliorer notre abri dès qu'on en a eu l'occasion. [...] *Souvent, nous n'avons que la possibilité de creuser un trou dans le sol et de le recouvrir du premier matériau que nous avons la chance de trouver. Celui-ci est le meilleur que nous n'ayons jamais pu aménager et nous l'apprécions certainement ce soir car il a plu tout l'après-midi et ça continue de tomber fort, mais ici nous sommes en sécurité, au chaud et c'est plutôt confortable à l'intérieur.* »

L'ingéniosité sans limite des GI ne s'exprime pas qu'en construction d'abris et décoration d'intérieur, comme le prouvent les nombreux objets de « fabrication terrain » qui leur rendent la vie plus facile.

Par exemple, ce porte-documents en toile imperméable, fabriqué à partir d'une bâche d'instruction à l'utilisation d'un canon, aurait été très utile à Otis pour protéger ses cartes et ses notes de la pluie incessante en octobre 1944.

AVANT LA TEMPÊTE

À la mi-octobre, la vie au front semble être devenue une banale routine, non sans rappeler l'expérience des *Doughboys* de la *4th Division* au fond des tranchées de la Première Guerre mondiale. Otis écrit le 13 : « *J'imagine que nous ne devons plus nous attendre à de chaudes journées à partir de maintenant. Il y aura bientôt de la neige au sol et nous aurons alors beaucoup de mal à creuser et camoufler nos* foxholes *et abris si la guerre se poursuit. Elle a duré plus longtemps que les experts de salon ne l'avaient prédit et nous espérons tous qu'elle prendra fin bientôt. Beaucoup d'hommes ont reçu des lettres de chez eux disant que leur famille n'avait pas reçu de nouvelles de leur part depuis plus d'un mois. Je ne me doutais pas que notre correspondance sortante était ainsi retardée. Et la mienne ?* [...] *Je sais qu'à l'heure actuelle, la priorité va aux munitions, à la nourriture, à l'essence et aux vêtements. Je suis bien conscient du fait que les articles mentionnés ci-dessus sont d'une importance vitale pour gagner la guerre.*

[Deux jours plus tard] *Cet après-midi, le postier de la compagnie m'a remis six lettres écrites au début du mois d'août. Quatre d'entre elles venaient de toi ma chérie* [...]. *Une lettre contenait la nouvelle que le capitaine Perry Bove avait été tué au combat* [le capitaine Perry E. Bove, également originaire de Rutland, a été touché par des éclats d'obus le 7 juillet, le jour de son anniversaire, alors qu'il dirigeait la compagnie K du *330th Regiment* de la *83rd Infantry Division*, dans un assaut près de Saint-Georges-de-Bohon en Normandie]. *J'ai appris il y a quelques jours que le capitaine Blodgett (*393rd Infantry*), qui était venu en tant que remplaçant, avait aussi été tué. Je suis sûr que tu te souviens de lui, n'est-ce pas ?* [Il s'agit très probablement du capitaine Robert Wayne Blodgett, lui aussi mort au combat le 7 juillet, mais avec le 35*8th Regiment* de la *90th Infantry Division*. Il a été enterré au Texas avec son frère, un *Major* tué la veille avec la *1st Armored Division* en Italie.

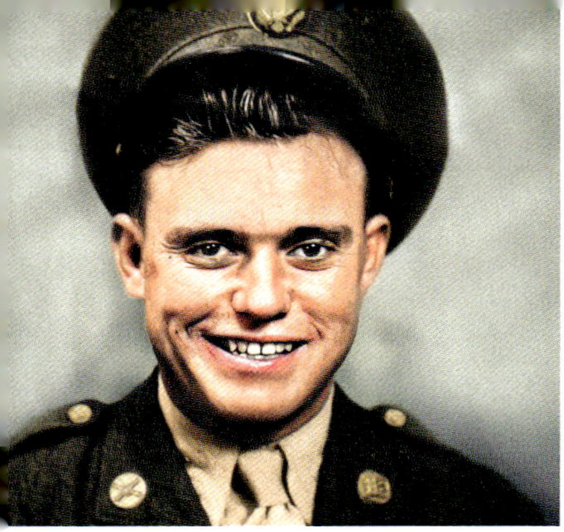

Ces petits sabots en bois, similaires à ceux qu'Otis mentionne dans la lettre qui suit, sont des souvenirs très populaires auprès des GI. La paire présentée ici a été envoyée à la jeune Nellie Martin par son cousin Robert Pickard Isom (ci-contre) de la *36th « Texas » Infantry Division*. Ce jeune fermier texan de 21 ans fut affecté en Italie à la compagnie E du *143rd Regiment*, en tant que remplaçant pour combler les terribles pertes subies par son unité à Salerno, à Monte Cassino et sur la route d'Anzio à Rome. Débarqué en Provence le 15 août 1944, Robert a combattu dans les montagnes des Vosges puis a aidé à repousser l'offensive allemande *Nordwind* de janvier 1945 près de Strasbourg. C'est de cette région d'Alsace (annexée par l'Allemagne en 1940 et qu'elle défend furieusement) qu'il envoie à sa cousine Nellie ce « souvenir de France », portant l'emblème de sa « 36th Div » (une pointe de flèche en silex pour le territoire indien d'Oklahoma et le « T » du Texas)... Mais dans la nuit du 2 au 3 février 1945, alors que son bataillon doit capturer un carrefour stratégique au sud-est de Rohrwiller, Robert est tué dans une violente contre-attaque allemande. Sa famille apprend la terrible nouvelle par télégramme, mais reprend espoir quand Nellie reçoit les sabots quelques semaines plus tard : pourrait-il s'agir d'une erreur ? Robert est-il toujours vivant ? Malheureusement, ce souvenir est bel et bien un cadeau d'adieu, posté peu de temps avant sa mort. Robert repose aujourd'hui au cimetière américain d'Épinal dans les Vosges (carreau A, rangée 18, tombe 17).

Une semaine plus tôt, mais Otis ne le sait pas encore au moment de cette lettre, un autre de ses proches amis du Vermont, le capitaine Normand E. Yando, a également trouvé la mort en Italie avec le *168th Infantry Regiment* de la *34th* « *Red Bull* » *Division* – Otis réagira avec fatalisme à la nouvelle dans une lettre disant « *c'est pas de bol, mais c'est arrivé à beaucoup de super gars que j'ai connus. Celui qui a dit "La guerre, c'est l'enfer" disait bien la vérité.* »] [...]

Dans une autre lettre, je constate que tu as reçu les sabots en bois que j'ai envoyés. Je suis heureux que tu les aies bien réceptionnés, ma chérie. J'essaie sans cesse de trouver un petit souvenir ou quelque chose à t'envoyer, mais je sais que ce sera désormais très difficile. Ici en Allemagne, tous les civils sont évacués des villes et des villages par les Allemands chaque fois que cela est possible ou par les troupes alliées lorsqu'elles les prennent. Je n'ai pas été dans un village de quelque taille que ce soit depuis très, très longtemps et la plupart d'entre eux n'ont rien en magasin. Nous ne sommes pas autorisés à acheter quoi que ce soit aux civils pour le moment, mais nous espérons que cette règle pourra être modifiée à l'avenir. De toute façon, cela ne fait aucune différence car nous sommes loin dans les bois, à des kilomètres de tout commerce. »

Alors que l'unité s'est installée dans le petit village de Hünningen (au sud-est de Büllingen, en Belgique), Otis en dit plus sur les civils dans une lettre datée du 17 octobre : « *Je suis sain et sauf et je suis vraiment désolé que tu t'inquiètes autant pour moi. Les combats ici ne sont pas différents de ceux qui ont eu lieu en France et en Belgique, sauf que nous devons surveiller de très près tous les civils car nous ne pouvons pas leur faire confiance. Nous les considérons tous comme des ennemis et pour cette raison, nous n'avons pas le droit à l'erreur avec eux. Au début, cela nous a semblé très particulier parce que dans toute la France et la Belgique, les civils s'alignaient de chaque côté des rues et des autoroutes en criant "Vive l'Amérique" ou "Vive les Américains" et nous couvraient de pommes, de poires, de tomates, de bouteilles de vin et tout le reste.*

Ici, les civils ont très peur de nous. On leur a raconté toutes sortes d'histoires sur la façon dont nous les traiterions, qui sont bien sûr fausses, juste de la propagande allemande. Nous les traitons avec rigueur et leur faisons comprendre que nous venons en conquérants et que nous ne sommes pas leurs amis. Nous veillons à ce qu'ils obéissent à nos règles et à nos instructions et nous ne leur parlons que pour des affaires officielles. [...] *Nous avons eu la vie facile ces derniers jours, car nous avons ramené une partie de nos troupes dans un petit village et nous vivons maintenant dans les maisons desquelles la population civile a été évacuée. Nous avons la possibilité de faire un peu de lessive et de nettoyage, ce qui est très rare. Profitons-en, car je sais que ce n'est que temporaire. Dans quelques jours, nous les frapperons à nouveau de toutes nos forces. J'ai vu un film aujourd'hui qui était le premier que j'ai vu depuis longtemps. C'était* Destination Tokyo *et je sais que toi et moi avons regardé ce film ensemble aux États-Unis. Si je ne me trompe pas, c'était à Paris au Texas. Je me demande si tu peux imaginer ce que ça m'a fait. Je me suis senti très seul et déprimé. En plus, c'était un misérable jour de pluie. Le film est excellent et je comprends maintenant beaucoup mieux ce que ces matelots traversaient dans le sous-marin avec les destroyers japonais qui lançaient des grenades sous-marines tout autour d'eux, c'est semblable à ce qu'on subit avec l'artillerie allemande, qui nous fait parfois claquer des dents. »*

Quand il n'est pas dans le petit village belge d'Hünningen, Otis rend visite aux troupes dans les bois qui font face à la frontière allemande : à seulement cinq kilomètres du village se dressent les premières dents de dragon de la ligne Siegfried !

Plus que ces rares films (qui sont surtout projetés par l'USO à l'arrière), la seule chose qui peut vraiment remonter le moral des troupes, peu importe où et pour quel camp elles se battent, c'est une pile de lettres de la maison. Otis écrit le 19 : « *C'est encore un autre pénible jour de pluie. Je suis rentré en fin d'après-midi, couvert de boue et de saleté, après avoir fait l'aller-retour jusqu'à l'un des bataillons sur la ligne de front, et j'ai trouvé une autre de tes lettres. Je suis sûr que tu ne comprendras jamais combien j'attends avec impatience de recevoir tes courriers, ma chérie. Quel que soit le temps, si j'ai la chance de recevoir une lettre de ta part, tout semble lumineux et joyeux, même s'il pleut à verse, qu'il fait froid et pourri. Et peu importe si la journée est excellente, sans nouvelles de toi, je ne l'apprécie pas. Cela fait toute la différence, chérie, et je suppose que c'est parce que je t'aime tellement.* [...] *Le courrier de la maison est comme un cadeau du ciel ma chérie et je me demande souvent si tu peux vraiment imaginer notre émotion ici au front quand nous recevons des lettres de nos proches. Tes lettres sont tout particulièrement intéressantes ma chérie et je suis sûr que je pourrais même très bien me contenter de ne recevoir que les tiennes. Tes anecdotes du quotidien et tout le reste sont d'un intérêt vital pour moi, ma chérie, alors assure-toi de garder le rythme. Le courrier est vraiment un grand bonheur pour tous ceux qui font partie des forces armées si loin de chez eux.* »

Le moral est en effet un élément crucial pour assurer la victoire dans un conflit. C'est pourquoi la propagande est censée être un outil très efficace pour donner de l'espoir aux combattants tout en ruinant celui de l'ennemi. D'ailleurs, le ministre de l'Éducation du peuple et de la Propagande du Reich Joseph Goebbels redouble d'efforts pour mobiliser les civils âgés et jeunes adolescents (qui intègreront la milice populaire allemande *Volksturm*) face à l'arrivée des Alliés. Non pas que la propagande fasse beaucoup d'effet à ces derniers, comme l'écrit Otis le 20 octobre : « *Nous vivons toujours dans les maisons d'un petit village* [Hünningen] *et c'est un événement assez inhabituel, je peux te le garantir. Nous avons installé un système d'éclairage provenant d'une station électrique saisie aux Allemands (un générateur) qui est portable car embarquée dans un camion. Nous nous servons d'une radio qui appartenait aux personnes qui ont été évacuées de la maison où nous logeons. Ce soir, nous avons écouté une émission allemande en direct de Berlin. Je me demande si tu as déjà entendu ou lu quelque chose sur "Sally", comme elle se fait appeler. Ce programme est de la pure propagande allemande, mais il y a un excellent orchestre et de la très bonne musique américaine est diffusée. La musique est interrompue à plusieurs reprises pour des flashs d'information allemands qui, pour nous, sont très amusants. Les nouvelles sont bien sûr arrangées au goût des nazis et racontent les terribles attaques des forces alliées qui sont neutralisées par les féroces troupes allemandes au cours de contre-attaques puissantes. C'est un tas de foutaises et nous le savons. Bien sûr, les Allemands qui l'entendent en croient chaque mot. On leur dit toujours que leurs armées ont détruit au moins 250 chars russes et 150 autres véhicules et ce genre de trucs. Le meilleur moment de l'émission est sa conclusion quand "Sally" dit "Dieu vous bénisse tous, combattants Yanks. On se retrouve demain soir si vous êtes encore en vie. Bonne nuit. Un gros baiser de Sally". Puis un gros bisou humide retentit.*

Mildred Elizabeth Gillars (1900-1988), alias « Axis Sally », est née à Portland, dans le Maine (États-Unis). Sa carrière d'actrice à New York ne menant nulle part, elle a fui son pays pour l'Allemagne en 1934. Peu après que son mari allemand soit tué sur le front de l'Est en 1941, elle a obtenu le rôle qui la rendra tristement célèbre grâce à son amant, un manager de la radio publique Reichs-Rundfunk-Gesellschaft. Son émission à laquelle Otis fait référence est *Home Sweet Home*, mais elle avait également d'autres programmes tels que *GIs Letter-box* et *Medical Reports*, quant à eux destinés aux familles américaines souffrant de l'absence de l'être aimé… Arrêtée à Berlin en 1946, elle sera la première femme condamnée pour trahison envers les États-Unis. Elle repose aujourd'hui dans une tombe anonyme.

Les gars qui l'écoutent sont tous morts de rire. Ils l'appellent la "salope berlinoise". Si tu n'as jamais écouté une de ses émissions, tu rates un bijou. Elle utilise cette douce voix charmeuse (en parlant un excellent anglais) et tout ce qu'elle dit est destiné à nous donner le mal du pays et à nous faire sentir seuls pour que nous nous rendions. Ça nous fait surtout marrer et nous apprécions vraiment les excellents titres de la partie musicale de l'émission. [...]

Les routes vers le front sont en très mauvais état avec la circulation continue de camions lourds, de l'artillerie et des chars. Les sapeurs ont construit des kilomètres de chemins de rondins. Je suis sûr que tu sais ce que c'est, ils coupent des troncs d'arbres et les placent les uns à côté des autres en travers des voies. Tu roules sur la piste en bois, qui est très accidentée et bosselée, mais c'est beaucoup mieux que de rester coincé dans la boue. C'est un chantier pénible car ici il pleut tous les jours à cette époque de l'année. J'espère que nous repartirons bientôt et je pense que les civils aussi. Ils aimeraient sans doute revenir vivre dans leurs maisons. Ces gens ont des fils et des frères dans l'armée allemande, mais ils ont néanmoins été très aimables jusqu'à leur évacuation. [...]

Un chemin de rondins en cours de construction près de Saarbrücken (Allemagne), par le *270th Engineer Combat Battalion*, une unité du Génie attachée à la *70th Infantry Division* américaine.

Produits de toilette américains, pour la plupart trouvés en Normandie.

J'ai trouvé le temps de prendre un bain (à l'éponge), de laver tous mes vêtements sales (y compris mes chemises et mes pantalons en laine), mes chaussettes, et mon uniforme et mon équipement sont maintenant dans un bien meilleur état qu'ils ne l'ont été depuis bien longtemps. Ça m'a pris pas mal de temps en plus des autres tâches que j'avais à accomplir, mais ça fait un bien fou de pouvoir tout nettoyer comme ça. Je suis sûr que j'aurais pu garder mes vêtements en assez bon état si les routes que nous devions emprunter n'étaient pas aussi boueuses. Quand on les parcourt en jeep, la boue et la saleté nous recouvrent. Nous devons voyager avec les capotes et les parebrises baissés afin de pouvoir utiliser nos fusils au cas où nous serions pris en embuscade par une patrouille allemande en chemin. Si le pare-brise et la capote étaient relevés, on serait nettement désavantagé en cas de surprise. Il nous serait impossible de faire feu ou de sortir du véhicule en toute hâte. Mais avec le pare-brise et le toit abaissés, tu peux tirer par-dessus le capot sur tout ce qui se trouve directement devant toi ou sur les côtés sans être gêné. Tu peux aussi sauter du véhicule en marche si nécessaire. Je n'ai encore jamais eu à faire ni l'un ni l'autre, mais on ne peut pas se permettre de prendre le moindre risque. Ici, chaque erreur peut être fatale. C'est un peu désagréable les jours de pluie, mais nous pensons aux hommes qui sont à l'avant dans les compagnies de fusiliers, exposés en permanence aux intempéries et nous nous estimons extrêmement chanceux. [...]

Il y a quelques jours, j'étais à l'IPG. C'est l'abréviation pour "interrogation des prisonniers de guerre". Là-bas, ils interrogeaient trois jeunes nazis. Lorsqu'on leur a demandé quand ils pensaient que la guerre serait terminée, ils ont répondu qu'elle serait finie à Noël et que l'Allemagne gagnerait. Peux-tu concevoir une telle bêtise ? Ils y croient vraiment en plus. Cela te montre à quel point la machine de propagande allemande fonctionne bien. Une chose dont je suis certain, c'est qu'ils ne peuvent pas la faire fonctionner longtemps comme ça, elle va voler en éclats quand nous entrerons dans Berlin. Aucune machine de propagande, aussi bonne soit-elle, ne pourrait alors donner au peuple allemand autre chose que l'image de la défaite. Je me demande souvent dans quel trou Goering, Himmler, Hitler et toute cette clique finiront par se cacher. Il vaudrait mieux pour eux que ce soit une bonne planque, sinon ils ne pourront pas y rester longtemps, car nous les retrouverons et on les enfumera. Noël semble si loin et pourtant il ne reste que peu de temps avant qu'on y soit. [...] *Je ne pense pas que celui-ci sera très joyeux pour moi ici. J'espère que je pourrai mettre la main sur quelques verres pour noyer mon chagrin. J'espère aussi que je pourrai bientôt acheter quelques cadeaux de Noël. Les probabilités seront bien meilleures si la guerre est terminée d'ici là.* »

Les dernières armes V (pour *Vergeltungswaffen* ou « vengeance ») sont un autre composant important de la machine de propagande allemande. Fin octobre, les hommes d'Otis voient passer au-dessus de leurs têtes les fusées V1 (surnommées « buzz bombs » ou « robot bombs ») et plus tard les V2 (le tout premier missile balistique de l'histoire), tirées en continu par les Allemands vers Liège et d'autres grandes villes de l'arrière. Destinées à faire le plus de victimes civiles possible, elles tueront environ 18 000 personnes en Europe occidentale. Otis est toujours dans le même village le 27 octobre, attendant une nouvelle percée en Allemagne et multipliant les voyages vers la ligne de front : « *Je ne sais pas à quoi je m'attendais, mais je trouve la réalité du combat bien différente de ce que j'avais imaginé. Je devais penser qu'il y aurait un vacarme continuel de l'artillerie et des tirs d'armes légères incessants. Parfois c'est comme ça, mais la plupart du temps pas du tout. Les Allemands sont très habiles dans l'art de dissimuler leurs installations et l'emplacement de leurs canons. Il nous arrive souvent, lorsque nous émergeons de la lisière d'une forêt dense pour nous trouver en pleine campagne, surplombant une vallée paisible où le bétail se nourrit et où la fumée des fermes monte paresseusement dans les airs, de ne pas nous rendre compte que le danger nous guette. C'est pourtant une illusion. Nous avons maintenant appris à ne jamais nous laisser bercer par un tel sentiment de paix et de sérénité, inspiré par un environnement bucolique. Nous avons compris que nous ne pouvons pas nous permettre d'être pris par surprise par l'ennemi dans un tel état d'esprit. Il endort nos instincts et nos réflexes. La plupart du temps, une réaction instantanée fait toute la différence entre la vie et la mort. Dans ce type de guerre, le gagnant est toujours celui qui est le plus alerte, qui voit l'autre en premier et qui est le plus rapide sur la gâchette. Je m'en suis bien sorti jusqu'à présent, comme tu peux le constater par toi-même, et je ne suis pas encore arrivé en seconde position. Depuis quelques jours, les Allemands envoient des* buzz bombs *au-dessus de nos têtes. Je les ai entendues voler pendant trois jours et trois nuits avant d'en voir une. Elles sont beaucoup plus grosses que ce que je pensais* [les V1 font 8 mètres de long et les V2 pas moins de 14 mètres]. *Elles ne sont qu'à une distance de 100 à 150 mètres dans les airs quand elles passent au-dessus de nous en allant vers les zones arrière.*

Conçue par le scientifique nazi Dr Wernher Von Braun (qui après-guerre, travaillera pour l'*US Army* dès 1945, puis pour la NASA), la fusée V2 sera la base de tout le programme balistique américain de la guerre froide et de la conquête spatiale (face aux Soviétiques, tirant eux aussi parti des technologies avancées allemandes).

Elles font un bruit d'enfer qui ressemble à un gros camion lourd ou un tracteur. Leur vitesse est incroyable, nous l'avons estimée à 550 km/h [c'est une bonne estimation, car la vitesse maximale du V1 est d'environ 640 km/h. La version V2, quant à elle, peut atteindre 5 800 km/h !]. *Nous avons appris à ne pas nous emballer à leur sujet car elles visent des cibles situées à plusieurs centaines de kilomètres derrière nous. Ceux d'entre nous qui appartiennent à des divisions de combat en première ligne ne sont jamais touchés par ces engins, car nous sommes bien sûr tout près des troupes allemandes. Les bombes robots ne sont pas très précises car elles sont contrôlées par radio, il est donc impossible pour les Allemands de les utiliser sur des cibles aussi proches de leurs propres hommes. Elles contiennent près d'une tonne d'explosifs et causent des dommages considérables lorsqu'elles atterrissent dans les grandes villes. Je doute qu'elles aient un réel impact sur l'issue de la guerre car jusqu'à présent elles n'ont tué que des civils en Angleterre, en France et en Belgique. Le moral des soldats allemands en première ligne s'en trouve grandement rehaussé lorsque de tels projectiles passent au-dessus d'eux en rugissant. Ils ont bien besoin de ça, car la guerre ne va plus dans leur sens, et ce, sur tous les fronts. Les informations à la radio indiquent que les Russes ont commencé une nouvelle grande offensive, il semble donc que l'Allemagne va bientôt devoir abandonner ou être conquise.* »

À la fin du mois d'octobre, la ligne de front n'a toujours pas bougé, et les GI ont besoin de changer d'air. Les hommes de la *4th Division* ne savent pas que leur pire bataille reste encore à venir... Otis écrit le 31 : « *J'ai préparé un groupe d'hommes pour une permission à Paris. Cette préparation consiste à leur faire prendre des douches, acheter de nouveaux vêtements, se faire couper les cheveux, recevoir leur paie et tout le reste, et c'est un sacré boulot. Ça ne me dérange pas du tout car ces gars viennent de quitter la ligne et ils ont bien mérité une pause et une occasion de se défouler à Paris. J'espère qu'ils apprécieront le séjour et je suis sûr que ce sera le cas. Ils seront bientôt de retour au combat et je sais que ça les aidera beaucoup de pouvoir se rappeler de ces bons moments*

Bien qu'ils échappent aux mortiers et balles de mitrailleuses, les soldats envoyés se reposer à l'arrière n'y sont pas plus en sécurité, désormais menacés par les fameuses fusées V. Ce cinéma UGC d'Anvers (Belgique), au numéro 15 de l'avenue De-Keyserlei, était le 16 décembre 1944 un cinéma Rex et le lieu tragique de la pire attaque à la bombe V de toute la guerre. À 15 h 20, au cours d'une projection d'*Une aventure de Buffalo Bill* (*The Plainsman*, 1936), juste à l'instant où Gary Cooper capture un Indien l'informant que le général Custer et ses troupes ont été anéantis, une fusée V2 tomba sur le toit du bâtiment, dont les 1200 fauteuils de cinéma étaient occupés par des civils et militaires en permission. Des décombres de 5 mètres de haut, il faudra 6 jours pour en extraire 567 cadavres, dont ceux de 296 soldats américains, britanniques et canadiens.

à Paris durant les épreuves moins agréables qui les attendent. J'aurai bientôt fini de les préparer et ils se mettront en route. Ce sera un beau voyage, j'en suis sûr, mais je ne pense pas que j'aurais envie d'y aller moi-même. Je préfère attendre de fêter avec toi, ma chérie, la fin de la guerre à mon retour à la maison. Ce voyage me fait penser à l'occasion que j'ai eue de visiter La Nouvelle-Orléans lors des manœuvres en Louisiane pendant l'été 1941. Si tu avais été là, j'aurais adoré. C'est exactement ce que je ressens maintenant, et tant que tu ne seras pas avec moi, je n'aurai aucune raison d'aller à Paris. On ne me l'a pas proposé de toute façon, mais si j'avais le choix, je laisserais quelqu'un d'autre prendre ma place. [...]

La nouvelle vient d'arriver à la radio que Winston Churchill, dans un discours à la House of Commons, *a annoncé que la guerre sera terminée avec l'Allemagne d'ici le Premier de l'an. Ce serait merveilleux. Mais permets-moi de t'assurer que tous les hommes et les officiers ici présents avec lesquels j'ai parlé sont déterminés à poursuivre le combat jusqu'à la fin, quel que soit le temps qu'il faudra pour y parvenir. C'est ce que nous sommes venus faire ici et aucun d'entre nous ne penserait à partir tant que le travail n'est pas accompli. Après, bien sûr, nous espérons tous une fin heureuse au plus tôt. En fait, nous l'espérons tellement que nous allons continuer à nous battre comme des diables et nous assurer que ce sera le cas. »*

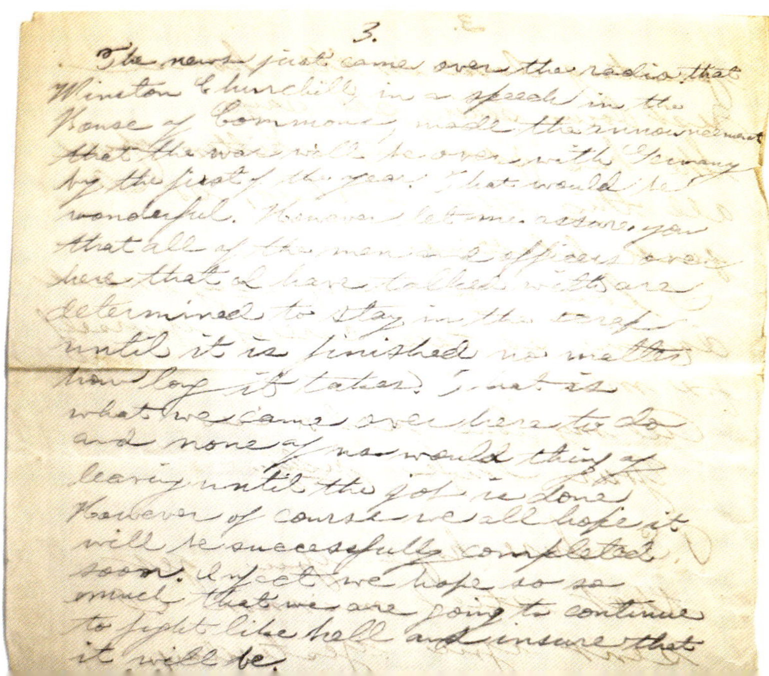
3.
The news just came over the radio that Winston Churchill in a speech in the House of Commons made the announcement that the war will be over with Germany by the first of the year. That would be wonderful. However let me assure you that all of the men and officers over here that I have talked with are determined to stay in the scrap until it is finished no matter how long it takes. That is what we came over here to do and none of us would think of leaving until the job is done. However of course we all hope it will be successfully completed soon. In fact we hope so so much that we are going to continue to fight like hell and insure that it will be.

L'USINE DE LA MORT

Malgré ses bonnes intentions de rester au combat, Otis est envoyé dès le lendemain à l'arrière, jusqu'à Spa, en Belgique, pour quelques jours en mission officielle. C'est l'occasion qu'il attendait pour acheter quelques cadeaux de Noël à envoyer à Judy et à ses proches. Lorsqu'il revient le 6 novembre, des éléments de la *9th Infantry Division* ont relevé son unité, qui a opéré un mouvement secret, une fois encore plus au nord, dans les environs de Zweifall (sud-est d'Aix-la-Chapelle). Leur mission est de s'emparer de la route d'Hürtgen à Düren, en coupant à travers des bois sombres bientôt imprégnés du sang de dizaines de milliers de GI : la Hürtgenwald (forêt de Hürtgen). Après sa course folle à travers la France, Otis doit poursuivre l'expérience de la guerre de jungle sur des collines abruptes densément boisées et dans des ravins profonds, face à des emplacements camouflés de mitrailleuses positionnées en tirs croisés, protégées par de nombreuses lignes de barbelés piégés à l'explosif et de mines indétectables, et à une artillerie préréglée sur les rares chemins praticables. Du 19 septembre 1944 (date d'entrée des premiers Américains dans la forêt) à la fin de la bataille le 10 février 1945, sur les 120 000 GI des 13 divisions différentes qui allaient traverser la Hürtgenwald, environ 33 000 seront tués, blessés ou capturés. L'épuisement, la pneumonie et le « pied des tranchées » causés par le temps exécrable causeront 9 000 pertes de plus. De nombreux soldats seront hantés toute leur vie par Hürtgen, qu'ils surnomment « l'enfer avec des glaçons » ou « l'usine de la mort ».

La première attaque de son unité dans le secteur vient d'être reportée à cause de la pluie et de la neige quand Otis écrit cette lettre : « *Quelque part en Allemagne, le 9 novembre 1944. Très chère Judy, je suis en service ce soir au PC, alors je t'écris de nouveau. Je devrais plutôt dire ce matin que ce soir, car mon tour est de 2 heures à 8 heures. Nous avons passé des moments éprouvants ces derniers jours et je suis un peu épuisé à cause du manque de sommeil. Nous sommes de retour dans les bois et avons bien creusé pour nous protéger. Notre PC est dans un autre* bunker *et un très gros cette fois. J'imagine que notre courrier sera encore bloqué. J'aimerais plus que tout au monde recevoir des lettres de toi ma chérie.* [...]

Hier après-midi, l'un d'entre nous a eu une sacrée surprise. Il était allongé, endormi avec son casque sur la tête, et il a été réveillé quand celui-ci a été arraché de sa tête avec un grand "cling" ! Il lui a fallu une minute pour comprendre ce qui s'était passé. Il s'est simplement assis par terre et a regardé son casque. Il y avait un trou dans la partie lourde en acier, le sous-casque était en miettes avec de gros morceaux éparpillés, mais la balle n'est pas ressortie par l'autre côté, bien qu'elle ait fait une belle bosse dans l'acier du côté opposé. Il y avait eu un dogfight *dans le ciel. Je suppose que tu sais ce qu'un* dogfight *signifie. C'était une bagarre entre un P-38* [avion de chasse américain] *et un avion allemand. Le casque du soldat avait été touché par une balle perdue lors du combat aérien. Il a eu une chance inouïe d'avoir porté son casque pendant son sommeil et il a aussi eu du bol que l'avion qui a tiré ait été si distant que la balle était en bout de course. Le casque et son liner sont ravagés, mais lui n'a pas eu la moindre égratignure !*

Ma chérie, je crois que tu ne peux pas imaginer ce que je ressens depuis que j'ai reçu ta lettre dans laquelle tu m'annonçais que le médecin avait pronostiqué le grand événement entre le 23 octobre et le 8 novembre. Je suis tout excité et chaque fois que j'y pense, je me demande toujours si le bébé est maintenant déjà arrivé et si c'est un garçon ou une fille. J'aimerais plus que tout au monde être avec toi en ce moment, chérie, mais comme c'est impossible, je ne peux qu'espérer et prier. Souviens-toi, ma chérie, que c'est ce que je fais constamment et que cela m'aide beaucoup.

Ci-contre : tandis que certains officiers profitent de la chaleur des bureaux (QG de la *4th Infantry Division* à Zweifall, en haut), d'autres se mettent à l'abri des froides et humides casemates allemandes ou partagent les *foxholes* boueux avec la troupe...

Restes de *foxholes* américains pouvant accueillir deux soldats ou plus, dans la forêt de Hürtgen. Ces trous d'homme y sont toujours visibles par centaines et se distinguent facilement des positions des Allemands, qui creusaient de petits trous individuels ou des tranchées en zigzag.

[Le lendemain] *Si seulement tu pouvais me voir ce soir, au moment où je rédige cette lettre, ma chérie. Le capitaine Glaze (l'officier commandant la compagnie du QG) dort déjà car il est minuit et il prend son service à 2 heures du matin, et moi je suis assis ici dans notre* foxhole, *ou plutôt dans notre abri, à t'écrire. J'entends régulièrement le bourdonnement d'un avion allemand qui passe au-dessus de moi, mais je m'y suis tellement habitué que cela ne me dérange plus. Quand nous avons creusé ce trou, nous en avons tapissé le fond avec des branches de sapin et c'est une sacrée bonne chose que nous l'ayons fait parce que de l'eau a commencé à s'infiltrer et sans ces branches, nos sacs de couchage seraient trempés. Jusqu'à présent, ils sont restés secs. Nous avons bâti un toit en rondins et nous avons recouvert le dessus de branches de pin et de mes deux moitiés de toile de tente pour mieux nous protéger de la pluie. Nous disposons aussi d'un autre de ces poêles faits maison et ils améliorent nettement notre confort. Je suis très content que nous ayons pris le temps de soigner notre abri parce qu'il a commencé à pleuvoir avant que nous l'ayons terminé et nous l'avons amélioré sans interruption depuis. Nous sommes ici depuis trois jours maintenant et il a plu sans arrêt depuis que nous avons achevé l'abri le premier jour à midi.* [...]

Avec son fusil, la pelle M-1943 constitue le meilleur allié du GI. Remplaçant la vieille M-1910 droite dite « pelle en T » pour la forme de son manche, le nouveau modèle pliant américain peut servir de pioche en inclinant la lame, et s'avère très précieux dans la construction d'abris, du simple *foxhole* à la hutte plus élaborée d'Otis.

De toute ma vie, je n'ai jamais vu une forêt comme celle-ci. Quel bourbier ! Nous pataugeons continuellement dans la boue ! Je porte en permanence ces bottes que j'ai achetées à Camp Von Dorn, Mississippi, et je remercie ma bonne étoile de les avoir avec moi. Je ne les ai pas quittées de la semaine. Si je ne les avais pas, mes pieds seraient constamment trempés et ce n'est pas très agréable, surtout quand il fait aussi froid qu'ici. Avec les semelles intérieures en feutre, j'arrive à garder mes pieds au chaud et au sec, mais sans ces bottes je serais dans une situation délicate. Presque tous les hommes ont des surchaussures qui ont été distribuées par l'armée, mais il n'y en a pas assez pour tout le monde. Les compagnies de fusiliers sont prioritaires, ce qui est normal, car ils sont toujours dehors et exposés aux éléments [malgré tout, le pied des tranchées, une nécrose liée au froid et à l'humidité qui peut mener à l'amputation, fera un grand nombre de victimes dans la forêt de Hürtgen]. [...] *Je viens de finir de nettoyer mon fusil et ce n'est clairement pas une mince affaire que de garder nos armes et nos véhicules propres par un temps pareil. La boue nous arrive aux chevilles sur tous les chemins de terre et si tu pouvais les voir, tu te demanderais comment on peut même circuler dessus. Les véhicules de l'armée sont incroyables et sont capables de rouler dans des endroits qui ne te semblent même pas praticables en rêve ! Donc imagine ce que c'est pour des troupes à pied...* [...]

Ci-dessus, une paire de surbottes Arctic Rubber Overshoes, du modèle évoqué par Otis dans sa lettre. Neuves de stock et toujours attachées ensemble, celles présentées ici ont été fabriquées par la *US Rubber Company* et sont datées du 7 octobre 1942 (le marquage est visible à l'intérieur au niveau de la cheville). Portées par-dessus les *buckle boots* du fantassin, elles permettaient une meilleure isolation du froid et de l'humidité, et on les distingue sur un grand nombre de photographies prises à Hürtgen (elles sont d'ailleurs au premier plan sur celle utilisée en couverture de ce livre et reproduite page suivante).

À gauche, une jeep roule sans problème sur une route de la forêt de Hürtgen, transformée en rivière de boue et de glace. Produites à près de 650 000 exemplaires et conçues pour traverser tous types de terrains (et même circuler sur des voies de chemin de fer en adaptant les roues), les infatigables jeeps Willys ou Ford servent de véhicule léger de reconnaissance ou de combat et au transport de blessés ou d'équipement, comme l'écrivait Ernie Pyle : « *Elle fait tout. Elle va partout. Elle est fidèle comme un chien, robuste comme une mule et agile comme une chèvre. Elle transporte toujours le double de ce pour quoi elle a été conçue, et ne s'arrête jamais.* » Notez sur la calandre à l'avant l'installation d'un bras coupe-câble pour déjouer les pièges décapiteurs allemands !

J'avais oublié de te dire qu'il y a quelques jours j'ai reçu une carte postale de Bob Pratt [Robert W Pratt, un officier du Vermont de l'ancien *172nd Regiment* d'Otis] *et il est maintenant dans la compagnie de service du 112ᵉ régiment* [de la *28th « Bloody Bucket » Division*, qui subit alors de très lourdes pertes dans la forêt de Hürtgen]. *Il n'est pas loin de là où je me trouve actuellement et j'aimerais bien le voir. Je sais qu'il s'est souvent trouvé à moins de 25 kilomètres de mon unité et si j'avais un peu de temps pour moi et une jeep à disposition, je pense que je pourrais le trouver sans trop de difficultés. Dans l'état actuel des choses, je n'ai pas un seul moment à consacrer à sa recherche. J'ai parfois un peu de temps le soir, mais il serait impossible de le repérer pendant le* black-out. [...] *Tu dois te demander pourquoi je radote comme je le fais, mais il n'est souvent pas possible de raconter des événements que nous ne sommes pas autorisés à évoquer, même si nous le voulons. D'ailleurs, nous n'avons aucun désir d'écrire à leur sujet ni même d'en parler à qui que ce soit. Nous n'en parlons même pas entre nous.*

Je commence à avoir les hanches un peu engourdies en m'accroupissant ici dans l'abri pour griffonner cette lettre pour toi, ma chérie. La lumière n'est pas trop mauvaise car nous avons installé un phare de jeep et connecté les fils à sa batterie après l'avoir garée tout près de l'abri. Cet endroit est juste assez profond pour qu'on puisse s'y asseoir avec seulement quelques centimètres d'espace au-dessus de nos têtes. Je peux te dire une chose, chérie : je serai certainement heureux quand cette guerre sera terminée et que nous pourrons à nouveau vivre comme des êtres humains au lieu de nous enterrer comme des animaux. Ce matin il a neigé abondamment et le sol était recouvert d'environ cinq centimètres de poudreuse. Tous les conifères étaient également recouverts et cela nous a offert une jolie scène très semblable à nos hivers au pays. En fait, ça m'a beaucoup fait penser à la maison et je suis sûr que nous allons avoir un Noël blanc ici. Tu te souviens de l'année dernière ? Je ne peux pas m'empêcher de me demander comment sera le prochain Noël. Il est désormais certain que nous passerons celui-ci au combat mais j'espère vraiment que je pourrai être à la maison l'année prochaine pour passer Noël avec toi et le bébé. »

Au moment où Otis écrivait cette lettre au beau milieu de la sombre et humide forêt de Hürtgen, attendant une attaque une fois de plus reportée, Julia était conduite à l'hôpital de Rutland, pour donner naissance à leur fils Robert le 13 novembre 1944. Otis ne sera pas prévenu, et comme le temps s'éclaircit enfin un peu, il se retrouve soudain plus occupé que jamais : la *4th Division* doit enfin mener l'assaut à travers la forêt le 16, depuis le village de Schevenhütte. C'est la plus grande attaque coordonnée à laquelle la division participe depuis la percée hors de Normandie. Conjointement avec la *1st Infantry Division* « *Big Red One* » au nord et appuyée par des avions de combat et des bombardiers lourds, elle doit s'emparer des ponts sur la Roer près de Düren, puis se diriger vers le nord-est et prendre Cologne. Cependant, les Alliés vont vite réaliser que les Allemands sont déterminés à tenir chaque mètre du terrain, car il est vital pour la défense des barrages de la rivière et des deux villes.

GI épuisés du *8th Infantry Regiment* d'Otis, au sud-est de Schevenhütte, forêt de Hürtgen, le 18 novembre 1944.

Les Américains doivent progresser à travers de vastes champs de mines, face à la résistance farouche des mitrailleuses allemandes dissimulées dans les reliefs naturels du terrain, et sous un déluge d'obus. Les pins très rapprochés et les feuillages épais ralentissent la marche et dissimulent les positions ennemies, tout en représentant une réelle menace, car en éclatant sous les tirs de l'artillerie et les mortiers allemands, les arbres projettent d'énormes échardes de bois dans toutes les directions. Le mauvais temps n'aide pas non plus à la visibilité, parfois réduite à seulement 10 mètres. Cinq cents mètres sont acquis dans les bons jours, mais au prix de pertes effroyables, en particulier chez les officiers et les chefs d'escouade (à la fin du deuxième jour de l'opération, les trois commandants de bataillon ont été tués ou blessés). Les voies de ravitaillement et d'évacuation étant en piteux état, abondamment minées et sous le feu de l'ennemi, il est pratiquement impossible d'assurer le remplacement quasi quotidien et indispensable des tués, blessés ou disparus. L'historique de la division raconte que « *les compagnies les plus chanceuses furent ramenées à un effectif presque complet grâce aux renforts ; deux jours plus tard, il ne restait déjà plus que 50 % de la compagnie. Les objectifs étaient pris et tenus par des compagnies de 20, 25 ou 45 hommes contre les contre-attaques les plus féroces que l'ennemi pouvait lancer. Les PC des bataillons étaient fréquemment bombardés : l'un d'eux compta un total de quatre commandants perdus en une journée. Une fois, un état-major complet de bataillon fut anéanti par une concentration d'artillerie et il fallut rappeler des officiers du front pour former un nouvel état-major.* »

Sac destiné aux affaires personnelles des morts et blessés.

Les pertes pour toutes les divisions sont si lourdes et les combats si chaotiques qu'un très grand nombre de soldats des deux camps sont toujours portés disparus de nos jours à Hürtgen.

Dans le secteur d'Ochsenkopf, le monument ci-dessus rappelle qu'à cet endroit, le corps de Robert Cahow (*78th Infantry Division*) fut retrouvé par hasard 56 ans après sa mort…
En revanche, quelques kilomètres plus loin sur la Colline 400, un petit mot a été déposé en mémoire de Carl Winsch Jr. (*2nd Ranger Battalion*) :
« Quelque part ton corps repose toujours sur cette colline.
Ta famille se rappellera toujours de ton sacrifice. »

Qu'elle provienne des airs (relique d'obus de mortier allemand en bas à droite) ou surgisse vicieusement du sol, la mort à Hürtgen survient souvent en une fraction de seconde. Pour ne laisser aucune chance au plus prudent des GI, les Allemands ont développé des mines utilisant très peu de métal (les rendant donc quasiment indétectables), en bois (comme la *Schützenmine-42* ci-dessus), en béton (en haut à droite) ou en verre (plateau de pression de *Glasmine 43* ci-dessous). Ce dernier type de mine est plus particulièrement redouté puisque les éclats de verre qu'il projette augmentent les risques d'infection et ne sont pas détectés par les scanners à rayons X. Certaines sont toujours enterrées aujourd'hui dans certaines sections du parc Eifel, juste au sud de Hürtgen.

La forêt de Hürtgen est également le site de l'un des plus grands champs de mines d'Europe, le *Wilde Sau* (ci-dessous). Afin d'empêcher tout accès à Hürtgen, les sapeurs allemands y ont disposé tous types de pièges (dont la redoutable *Bouncing Betty* qui est propulsée à un mètre de hauteur avant d'exploser), à une telle densité que quatre ou cinq explosifs peuvent être déclenchés simultanément par un seul homme… Les Américains en feront la douloureuse expérience, mais également une centaine de civils et prisonniers de guerre allemands tués en tentant de nettoyer ce champ après les hostilités (parmi eux, le maire de Vossenack).

Dans le cimetière allemand adjacent, un monument rappelle un acte d'humanité de la part du lieutenant Friedrich Lengfeld : « Ici dans la forêt de Hürtgen le 12 novembre 1944, un officier allemand a donné sa vie en tentant de sauver celle d'un soldat américain [du *22nd Regiment* de la division d'Otis] gisant grièvement blessé et appelant désespérément à l'aide. » Accompagné de la citation « Personne n'a un plus grand amour que celui qui donne sa vie pour son ennemi », ce monument mis en place par l'armée américaine est l'un des deux seuls au monde honorant un soldat du camp adverse.

Il est évident qu'Otis n'a pu écrire que très peu de lettres pendant cette période et il est probable que l'incident mentionné précédemment soit la raison pour laquelle il se trouvera quelques jours plus tard à la tête de la compagnie E (les enveloppes du mois de novembre n'ayant pas été conservées avec les lettres, il est difficile d'établir une date avec précision). La « E Co » que commandera désormais Otis est l'une des compagnies de fusiliers pour lesquelles il avait exprimé tant de pitié dans sa correspondance...

Le 18, les Allemands se replient lentement d'une ligne à l'autre, couverts par leurs artilleurs et les mines antipersonnel laissées dans leur sillage. Ces positions préparées à l'avance, pour la plupart des abris couverts pour deux hommes à des points stratégiques, profitent de champs de tir bien dégagés et protégés par trois couches de fils barbelés piégés à l'explosif. Otis réussit à écrire une lettre ce jour-là, tout en essayant de ne pas alarmer sa femme : « *J'espère et je prie pour que tout aille bien. Je me rends compte que tu es peut-être à l'hôpital en ce moment même et que tu ne peux pas écrire, mais j'espère recevoir des nouvelles bientôt. Ce suspense est insoutenable et j'espère que tu seras bientôt à la maison avec le bébé, de nouveau en pleine forme et heureuse. Quant à moi, je vais très bien. J'ai un léger rhume mais rien d'inquiétant. J'imagine que je l'ai attrapé par ce temps pluvieux et humide. Ces derniers jours, nous avons livré un combat d'une extrême intensité aux Allemands. Nous allons bientôt percer et les enterrer, et j'espère que ce sera dans un avenir très proche. Il commence à faire très froid ici dans le* bunker, *alors je pense que je devrais mettre cette lettre sous enveloppe et m'enrouler dans mes couvertures à même le sol, essayer de me réchauffer et fermer un peu l'œil. Je t'aime ma chérie et tu me manques terriblement.* »

L'uniforme de combat d'Otis a considérablement évolué depuis la Normandie. Il a troqué sa veste M41 pour la nouvelle M43 à quatre poches, plus longue et pouvant être complétée d'une chaude doublure et d'une capuche. Son casque à l'arrière duquel est visible la barre blanche verticale des officiers (surnommée barre *Follow-me*, « suivez-moi ! », ici réalisée sur le terrain par son propriétaire et descendant plus bas que d'ordinaire), son porte-cartes en bandoulière (le propriétaire de cet exemplaire daté de 1942 a inscrit son nom, Wise, sur le rabat), son étui à boussole et l'usage de la mitraillette Thompson sont typiques d'un commandant d'unité de combat. Il porte une casquette en tricot de laine pour l'aider à supporter le froid et a également revêtu une écharpe ainsi que des moufles spécialement étudiées pour le combat puisqu'elles laissent l'index libre pour le tir. La pelle M-1943 reste également à portée de main, sortie de son étui et accrochée au porte-cartes, en cas d'urgence…

Des hommes du *8th Infantry Regiment* d'Otis traversent un pont sur la rivière Wehebach, au sud de Schevenhütte, le 18 novembre. Sur l'autre rive, on distingue un tank chasseur de chars M10.

Les lignes allemandes sont renforcées par de nouvelles unités et des ouvrages défensifs perfectionnés sur tout le front, stoppant nette l'avance des Américains juste à l'est de Schevenhütte, à seulement 10 kilomètres de Düren. Le 21, Otis écrit une lettre à la hâte, la dernière pour les deux semaines à venir : « *Il m'a été impossible d'écrire ces trois derniers jours en raison de la situation tactique. J'ai été absent de mon unité ces cinq derniers jours, mais je ne vais jamais loin et j'y retourne quatre ou cinq fois par jour. Chaque fois que j'y suis, je vérifie si j'ai du courrier car évidemment, je m'inquiète constamment pour toi. Hier, j'ai reçu deux lettres de toi et une de Marie, je pensais qu'elle m'annoncerait que le bébé était bien arrivé. Malheureusement, ce n'était pas le cas. Une de tes lettres contenait un article écrit par Winston Churchill qui disait que la guerre n'est pas finie et que de durs combats nous attendent encore. Je n'ai jamais rien entendu d'aussi vrai. Les hommes et les officiers qui font partie de cette division depuis le Jour J et qui ont combattu tout au long de la campagne de Normandie disent que c'est l'endroit le plus dangereux qu'ils aient jamais connu. Ne t'inquiète pas pour moi, chérie, car je vais bien.*

Je m'en sors très bien mais je suis très, très occupé. J'ai pris le temps d'écrire quelques lignes pour te faire savoir que je me porte bien. Maintenant il faut que j'empile plus de rondins et de terre sur mon trou pour l'améliorer et augmenter sa protection. »

Deux jours après sa lettre, Otis et ses hommes relancent les hostilités, avançant de plus d'un kilomètre en direction de Düren et capturant en route un grand nombre de prisonniers, mais ils seront vite confrontés à des contre-attaques ennemies désespérées. Bien qu'Otis ne puisse pas vraiment partager l'horrible expérience de la forêt de Hürtgen avec sa femme, et qu'il ne veuille de toute façon pas risquer de lui faire peur, il lui enverra plus tard des revues *Life* narrant les héroïques mais tragiques assauts de sa division. L'une d'elles est le numéro du 1er janvier, qui contient un reportage de William Walton : « *La forêt de Hürtgen est un nom à graver un jour sur les monuments de guerre américains sous des noms de lieux aussi évocateurs que Château-Thierry, la forêt d'Argonne et la bataille de la Wilderness pendant la guerre de Sécession. D'autres affrontements de cette guerre ont été plus spectaculairement décisifs – la Normandie, Saint-Lô, la poche de Falaise – mais aucun n'a été plus dur ou plus sanglant que celui de cette forêt de Hürtgen. Des sapins très rapprochés qui s'élèvent à une hauteur de 23 à 30 mètres font de la forêt de Hürtgen un monde lugubre et mystérieux où l'éclat de midi est assombri par un crépuscule sinistre qui filtre à travers les arbres obscurs jusqu'aux aiguilles brunes et spongieuses et aux rondins en décomposition. De temps en temps, un fossé dégagé pour contrôler les feux de forêt découpe la végétation. Quelques huttes de bûcherons, telles que les vieux contes germaniques les décrivent, sont cachées parmi les arbres. À la lisière ouest, quatre villages – Rott, Zweifall, Vicht et Schevenhütte – sont logés dans de petites clairières. À part cela, la Hürtgenwald est une mer de ténèbres sans fond, déjà bien maussade en temps de paix, sinistre en temps de guerre avec des ennemis qui rôdent, diaboliques, avec leurs balles gémissantes et leurs obus déchirants qui mêlent les arbres et les hommes brisés dans un enchevêtrement fraternel.* [...]

Petit mémo porté par Otis et envoyé à Judy avec l'une de ses lettres. Il indique au verso : « À tous les soldats, si vous voyez des obus d'artillerie ennemis tomber, appelez le QG et faites un *Shellrep* (*Shelling Report*), en donnant autant d'informations que possible - où ils ont atterri, quand et combien ; leur provenance en miles ou leur orientation si vous le pouvez, ou si vous voyez le canon, donnez son emplacement, et le nombre de secondes entre le flash et le son du tir ; le type de canon (léger, moyen ou lourd). Ces infos aideront notre artillerie à détruire la leur. Gardez dans la poche pour référence. »

Le 16 novembre, la 9e division avait été retirée de ses positions retranchées dans la Hürtgenwald et la 4e division, première à terre en Normandie, s'était substituée à elle pour mener l'attaque. Le commandant de la 4e division, le Major *général R. O. Barton, envoya son 12e régiment sur la gauche au début de l'offensive. Deux jours plus tard, le 22e régiment était engagé au centre, puis le 8e régiment sur sa droite. Les Allemands ont fait appel à l'artillerie et aux mortiers dans des concentrations telles qu'on ne les avait jamais entendues ou ressenties auparavant sur le front occidental. Les aiguilles de pin cachaient des mines Teller vicieuses, des mines en boîte et les nouvelles mines à chaussures* [en réalité, ces deux surnoms désignent la mine en bois *Schützenmine-42*, dont le surnom *Schuhmine* rappelle le mot anglais *shoe* pour « chaussure »] *qui envoyaient les patrouilles imprudentes dans les branches, avec un pied ou une jambe en moins, ou sans vie.* »

Le journaliste évoque ensuite les terribles pertes et le besoin désespéré de remplaçants dans un segment sur l'attaque du *22th Regiment* de la *4th Division* sur Grosshau : « *À chaque fois, le 22e a avancé, trébuché, s'est mis à couvert. Six chars Sherman ont été mis hors service. Les lignes se sont regroupées pour réessayer. Mais trop d'hommes tombaient. Le fléau des obus s'est encore aggravé. Plus loin dans la forêt, un* Major *téléphonait au colonel Lanham. Après que le* Major *lui ait exposé la situation, Lanham a dit : "Très bien. Que vos gars s'installent dans les meilleures positions possibles. Tenez bon. Nous allons devoir essayer autre chose." L'autre plan était de rester dans les bois et de contourner Grosshau et la plaine vers le nord. Le bataillon du* Major *George Goforth poussait déjà sur une série de collines boisées qui s'élevaient comme une masse de muscles le long de la forêt. C'était le lundi 17. Pendant deux jours, ils se sont battus à travers ces collines, avec de lourdes pertes des deux côtés. Dans son triste PC enterré sous la brume, un abri éclairé par des lanternes, le* Major *Goforth évoquait la situation avec son second, Swede Henley. Un commandant de compagnie venait d'arriver pour faire son rapport. "Nous sommes à la recherche d'officiers" dit le nouvel arrivant, affalé sur une boîte de conserve en métal.*

Projetés dans toutes les directions à des centaines de km/h à chaque explosion, les éclats d'obus causent de nombreuses victimes de tous rangs. Ceux présentés ci-dessous, dont le plus long mesure 35 centimètres et pèse près de 2 kilos, ont été retrouvés par l'auteur dans une haie à la sortie du sentier de la rivière Kall à Schmidt. Ce village de la forêt de Hürtgen ne sera libéré qu'au bout de 3 mois de rudes combats et le quart (sorte de tasse en métal) américain déchiré (en haut à gauche), trouvé parmi ces éclats, est probablement un vestige de la retraite de la *28th Infantry Division* chargée de prendre cet objectif.

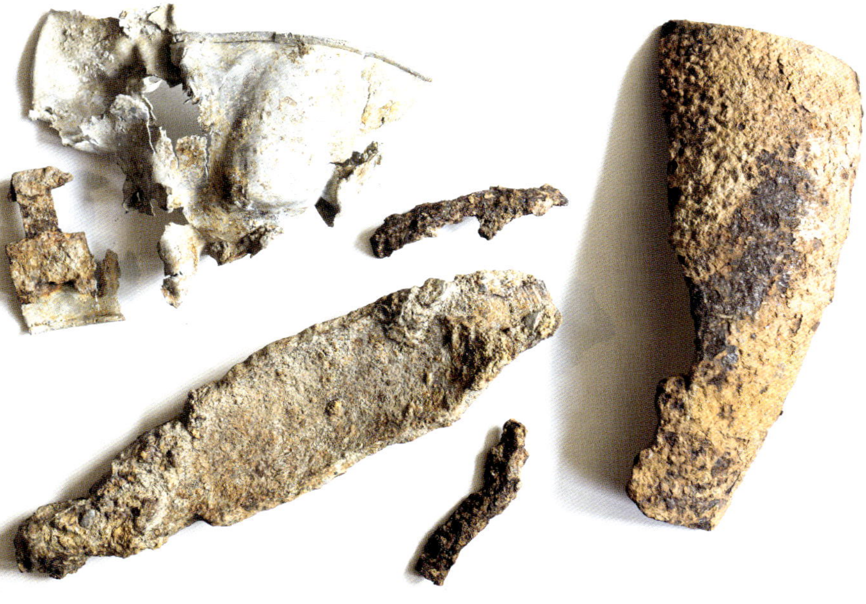

"La compagnie G n'a plus que deux officiers. On en a perdu trois cet après-midi. On ne peut pas continuer comme ça, Major.*" Goforth secoua la tête. "Je sais, mon garçon, mais où vais-je les trouver ? La division dit qu'on peut promouvoir n'importe quel bon gars ici, sur le terrain. Mais qui ?" Il regarda autour de lui un cercle de visages sales et mal rasés, le regardant dans la lumière vacillante, des visages vidés de leurs couleurs comme ceux des hommes noyés. "Prenons McDermott", dit Swede. "Je ne peux pas me séparer de lui. Il est pratiquement à la tête du G-2." "Mais c'est le dernier sergent disponible. Nous en avons déjà promu six." "Alors j'imagine que nous devrons compter sur des remplaçants", a dit Goforth. "Le problème avec les remplaçants, c'est qu'ils ne durent pas assez longtemps" observe le commandant de compagnie. "Les camions en ont amené 30 pour moi ce matin ; 18 ont été touchés avant même d'avoir pu atteindre la ligne de front. Pas la peine de vous faire des statistiques." Alors qu'il parlait, la couverture qui recouvrait l'entrée de l'abri fut écartée et trois jeunes lieutenants entrèrent, saluèrent et dirent qu'ils se présentaient pour le service. "Et voilà, Jack", dit Goforth. "Vos remplaçants ! Emmenez-les avec vous quand vous y retournerez."* »

Pendant ce temps, les sapeurs de combat parviennent enfin à établir une route de ravitaillement sûre pour les troupes avancées, en nettoyant les champs de mines et les barrages routiers, stimulant considérablement la progression des Américains. Fin novembre, la division redresse sa ligne de front et, en lançant des patrouilles vigoureuses, dégage les zones arrière et ses flancs pour préparer le prochain assaut : à l'extrémité est de la Hürtgenwald, juste au nord de la ville de Hürtgen, les villages fermement défendus de Kleinhau et Grosshau doivent être pris en collaboration avec la *8th Infantry Division* et les chars de la *5th Armored Division*. Grosshau tombe finalement aux mains du *22nd Regiment* le 29 novembre, tandis qu'au nord l'unité d'Otis se déplace vers l'est, face à la résistance obstinée d'armes automatiques et de fortes concentrations d'artillerie. Elle parvient non sans difficulté à se rapprocher de la lisière de la forêt, bien qu'elle ne l'atteindra pas.

Ci-dessus, le point de départ de l'attaque du bataillon d'Otis à Schevenhütte : il s'agit de l'endroit précis où a été prise la photo utilisée en couverture de cet ouvrage. Ci-dessous, site de l'un des derniers combats d'Otis, à l'extrémité nord de la forêt de Hürtgen et à seulement quelques kilomètres de la grande ville de Düren : ici, son bataillon fera de nombreux prisonniers allemands.

Au cours des derniers jours de la bataille pour le régiment d'Otis, Pedro Cano (photo ci-contre), un Mexicain de 24 ans dans la compagnie C, recevra la *Distinguished Service Cross* pour une action qui témoigne de la brutalité des combats des 2 et 3 décembre 1944. Des décennies plus tard, sa médaille sera revalorisée par le président Obama en *Medal of Honor*, la plus haute récompense qu'un soldat américain puisse se voir décerner, et remise à la fille du militaire. Sa citation décrit son acte héroïque en ces termes : « *Dans l'après-midi du 2, les fantassins américains lancèrent une attaque contre les emplacements allemands mais furent repoussés par le feu des mitrailleuses ennemies. Armé d'un lance-roquettes, le soldat Cano rampa à travers une zone densément minée sous le feu nourri de l'ennemi et réussit à atteindre un point situé à moins de 10 mètres de l'emplacement le plus proche. Il a rapidement tiré une roquette sur la position, tuant les deux mitrailleurs et les cinq fusiliers en soutien. Sans hésiter, il tira sur une deuxième position, tuant deux autres mitrailleurs, et se lança à l'assaut de l'emplacement avec des grenades à main, tuant plusieurs individus supplémentaires et provoquant la fuite des autres. Puis, lorsqu'une compagnie adjacente se trouva sous un tir nourri, le soldat Cano traversa le secteur de sa compagnie, se glissa à moins de 15 mètres de l'emplacement ennemi le plus proche et tua les deux mitrailleurs avec une roquette. Avec un second tir, il tua encore deux autres mitrailleurs et détruisit une deuxième pièce. Le lendemain, sa compagnie reprit l'attaque et se trouva à nouveau confrontée à un feu nourri de mitrailleuses. Le soldat Cano, toujours armé de son lance-roquettes, traversa le terrain balayé par les balles et détruisit trois mitrailleuses ennemies à la suite, tuant leurs six servants.* »

La division a ainsi pu tenir avec succès sa ligne principale face au village de Gey (à l'angle nord-est de la forêt), tout en étant progressivement relevée par la *83rd Infantry Division*. La compagnie E d'Otis et le reste du 2e bataillon sont placés en réserve du régiment le 6 décembre, quand il écrit enfin sa première lettre (ou plutôt un *V-mail*, ci-dessous) depuis très longtemps : « *Ma très chère épouse, j'ai reçu quelques lettres récemment mais en raison d'un changement de fonctions, il m'a été impossible d'y répondre depuis cinq ou six jours. Comme tu peux l'imaginer, j'étais l'officier le plus heureux de l'armée lorsque j'ai appris pour le nouvel arrivé dans notre famille. Ta description de notre fils me donne envie de vous voir tous les deux et de vous prendre dans mes bras, et il m'est extrêmement difficile de retranscrire mes pensées et mes sentiments par écrit. J'espère que tu sais et que tu comprends ce que je ressens. Souviens-toi, ma chérie, que je vous aime tous les deux plus que vous ne le saurez jamais. Tout va bien ici maintenant, alors ne t'inquiète pas pour moi. Je vais bien, j'espère et je prie que tout le monde à la maison se porte bien aussi.* »

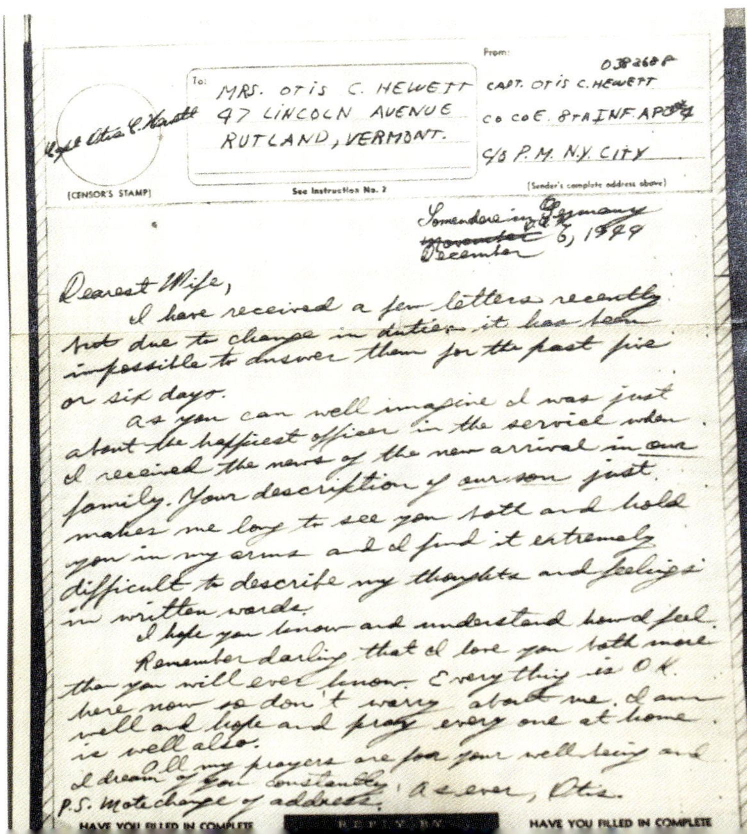

To: MRS. OTIS C. HEWETT
47 LINCOLN AVENUE
RUTLAND, VERMONT.

From: 038268P
CAPT. OTIS C. HEWETT
CO CO E. 8TH INF. APO 4
C/O P.M. N.Y. CITY
(Sender's complete address above)

Capt Otis C. Hewett
(CENSOR'S STAMP)

See Instruction No. 2

Somewhere in Germany
~~November~~ December 6, 1944

Dearest Wife,

I have received a few letters recently but due to change in duties it has been impossible to answer them for the past five or six days.

As you can well imagine I was just about the happiest officer in the service when I received the news of the new arrival in our family. Your description of our son just makes me long to see you both and hold you in my arms and I find it extremely difficult to describe my thoughts and feelings in written words.

I hope you know and understand how I feel.

Remember darling that I love you both more than you will ever know. Everything is O.K. here now so don't worry about me. I am well and hope and pray every one at home is well also.

All my prayers are for your well-being and I dream of you constantly. As ever, Otis.

P.S. Note change of address.

HAVE YOU FILLED IN COMPLETE | REPLY BY | HAVE YOU FILLED IN COMPLETE

Le 13, le régiment est envoyé dans un nouveau secteur considéré comme tranquille, sur un front de 55 kilomètres le long des rivières Sauer et Moselle et à proximité de la ville de Luxembourg, pour un repos bien mérité et au sec dans des maisons chaudes... Mais ce repos sera de courte durée, car interrompu par une attaque allemande surprise dans les Ardennes trois jours plus tard.

Au cours de ce seul mois de novembre, la *4th Division* a subi 4 053 pertes, dont 432 hommes tués au combat, parmi lesquels se trouvent 42 officiers. Néanmoins, sa mission est accomplie et la route Hürtgen-Düren est occupée. Quatre des cinq *Medals of Honor* décernées à des membres de la division pendant la Seconde Guerre mondiale le seront pour des exploits réalisés dans la forêt de Hürtgen. Le général Joseph Lawton Collins, commandant du *VII Corps*, salue le courage de la « Célèbre Quatrième » : « *Les combats en forêt exigent un leadership de premier ordre de la part des commandants de petites unités et un courage individuel de haut rang. L'avance de la* 4th Division *dans son secteur de la forêt de Hürtgen requérait une démonstration continue de ces qualités dans les conditions les plus défavorables, aussi bien du point de vue du terrain que de la météo. Les robustes positions défensives de l'ennemi étaient renforcées par la raideur des collines, et le réseau routier inadéquat était continuellement bloqué par des mines et des arbres abattus. Par conséquent, une grande partie des combats devait se dérouler sans le soutien habituel de nos tanks et de nos chasseurs de chars, et pendant plusieurs jours, certaines unités ne pouvaient être approvisionnées que par le transport manuel de nourriture et de munitions, tandis que l'évacuation des blessés était extrêmement complexe. Le fait que la* 4th Division *ait surmonté ces nombreuses épreuves et ait chassé l'ennemi des hautes collines surplombant la Roer est un témoignage de la compétence, de la détermination et de l'agressivité de tous ses hommes.* »

JE MARCHE SEUL

Otis n'est pas vraiment sorti indemne de la forêt. Peu après que sa compagnie E ait été temporairement attachée à la *83rd Infantry Division* au matin du 9 décembre pour une dernière patrouille à l'ouest de Düren, il est blessé au dos, sans qu'il ne précise jamais comment. Les rapports du *8th Regiment* évoquent bien une évacuation d'Otis pour un incident (le 10 décembre, tandis qu'Otis indique la date du 9), en qualité de *non-battle casualty*, une perte non liée directement au combat : accident, épuisement, pied des tranchées...

Le jour où sa compagnie est retirée des lignes pour le repos tant attendu, il écrit : « *Quelque part en Belgique, le 13 décembre 1944. J'espère que toi et notre nouveau fils allez bien ces jours-ci. Dans la dernière lettre que j'ai reçue, tu disais que mes roses étaient bien arrivées à l'hôpital. Ça me fait très plaisir, ma chérie, je craignais d'avoir trop tardé pour passer commande et qu'elles n'arriveraient pas à temps.* [...] *La situation a beaucoup changé pour moi dernièrement, ma chérie, et je ne sais pas comment t'annoncer la nouvelle en douceur. Tu peux t'attendre à recevoir plus souvent des lettres de ma part dorénavant, car j'aurai plus de temps à leur consacrer. Je n'aurai plus à les rédiger dans des* foxholes *pendant un certain temps, car je le ferai dans un grand bâtiment où il fait chaud et sec, pour changer. Je ne suis pas avec le régiment en ce moment, mais tu peux continuer à y envoyer ton courrier car je pense y retourner bientôt. J'imagine qu'à ce stade tu commences à te demander ce qui se passe, je dois donc me résoudre à te le faire savoir d'une manière ou d'une autre. C'est compliqué car tu penseras forcément que la situation est bien pire qu'elle ne l'est en réalité. Je vais vraiment bien, ma chérie, et je m'en sors, alors ne t'inquiète pas le moins du monde. J'ai été légèrement blessé le 9 décembre en Allemagne, mais ce n'est pas grave du tout. Mes jambes, mes pieds, mes mains et mes bras vont bien, mais j'ai été légèrement blessé au dos, juste au-dessus des hanches.*

Le lourd sac à dos d'Otis et la rude vie recroquevillé sous terre sont probablement les raisons de son évacuation. À 35 ans, Otis a 15 ans de plus que la plupart des GI et l'équipement qu'il surnommait déjà à l'entraînement le *back-breaker* (le briseur de dos) a sûrement eu raison de son corps. Ci-contre, une musette M-1936 utilisée par les officiers : cet exemplaire daté de 1942, ayant appartenu au soldat Rolland Keyes du Massachusetts, a visiblement lui aussi connu des terrains et situations particulièrement difficiles.

On a fait des radios pour s'assurer que tout allait bien et dans peu de temps, je vais retrouver mes capacités. Les médecins et les infirmières s'occupent très bien de tous les patients et j'ai fait un sacré voyage. J'ai traversé la Belgique en ambulance et en train-hôpital et je suis maintenant en route pour un hôpital général quelque part en France. Dans quelques jours, mon dos sera guéri, alors ne t'en fais pas pour moi. [...]

J'étais sûr que tu te ferais trop de soucis, alors je ne voulais même pas t'en parler. Mais comme je savais que le ministère de la Guerre te préviendrait par une lettre type qui t'aurait sans doute fait peur, j'ai pensé qu'il valait mieux te le dire moi-même, pour que tu saches que je suis toujours en pleine forme.

[Le lendemain] *Te souviens-tu quand je t'ai écrit en août dernier pour te dire que j'étais à Paris ? Nous y sommes entrés le 25 août et nous avons été les premières troupes américaines à y pénétrer. À l'époque, je ne m'attendais pas à revoir Paris. Eh bien, ma chérie, j'ai eu tort, car je suis de retour, même si je doute que j'aurai l'occasion de faire du tourisme cette fois encore, car je suis dans un hôpital général, allongé avec une blessure au dos.* [...] *La vie y est très différente de celle qu'on mène au front dans une compagnie de fusiliers. Ici, on dort dans de bons lits avec des matelas et des draps, on prend des repas chauds et tout baigne. Les infirmières s'occupent très bien de leurs patients et il est évident que je vais pouvoir me ressourcer ici. Ma seule responsabilité actuelle est de censurer le courrier, ce qui prend très peu de temps, donc je suis sûr que je pourrai t'écrire presque tous les jours. Ce sera un grand changement par rapport à l'époque où j'étais au combat et que je ne pouvais écrire qu'une fois par semaine si j'avais de la chance.* [...]

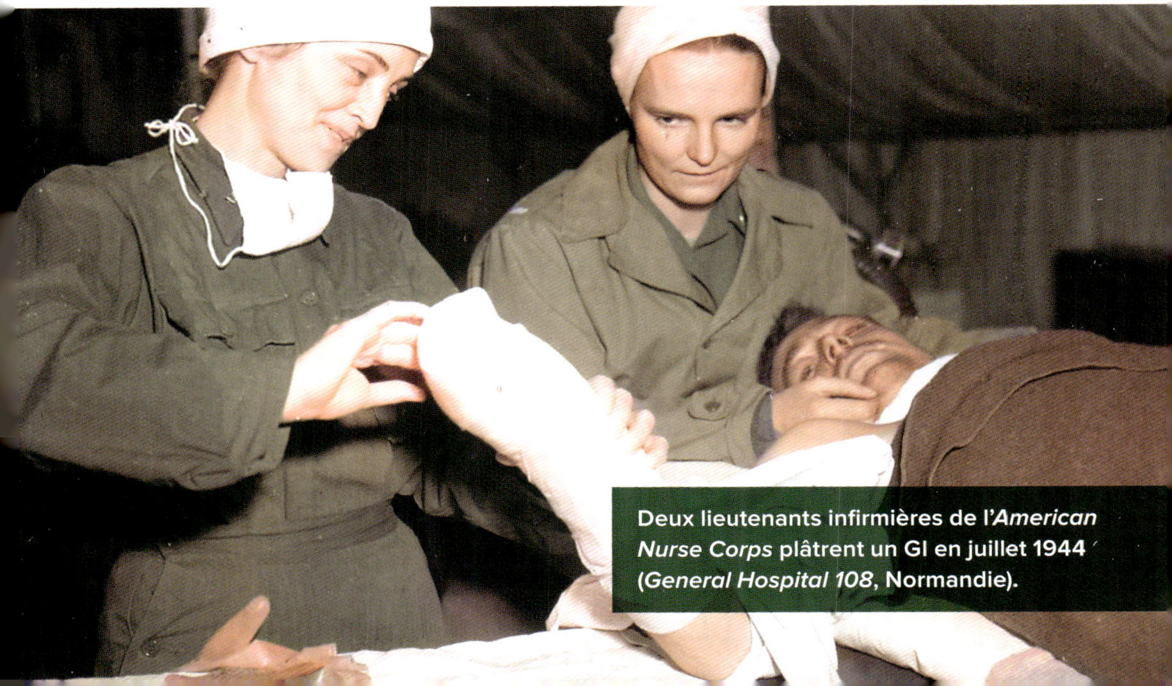

Deux lieutenants infirmières de l'*American Nurse Corps* plâtrent un GI en juillet 1944 (*General Hospital 108*, Normandie).

La première infirmière de l'armée que j'ai vue était assurément une vision réjouissante. C'était la première fille américaine que j'avais vue depuis que nous étions montés sur la ligne Siegfried le 7 septembre, soit depuis plus de trois mois. Cette lettre va être à peine lisible pour toi, j'en suis sûr, mais c'est assez laborieux d'essayer de l'écrire en étant allongé sur son lit. Je suis sûr que tu connais bien ce problème car tu as dû en faire de même pendant ton séjour à l'hôpital. [...] *Je n'arrive pas à m'habituer à dormir dans un lit après être resté si longtemps au front, dans des* foxholes *boueux sous la pluie. Je crois que je ne suis pas d'humeur à écrire en fait. Il n'y a rien qui puisse me donner de l'inspiration ou des idées ici. Tout est trop calme, je ne m'y suis pas encore fait et je ne dors pas très bien en ce moment. Sur le front, notre propre artillerie passait au-dessus de nous toute la nuit et atterrissait juste devant nous, là où les Allemands étaient retranchés. Les obus allemands tombaient fréquemment sur nos lignes aussi et la combinaison des deux, comme tu peux l'imaginer, faisait un vacarme assourdissant. Je devrais m'y habituer au bout d'un moment, mais c'est très particulier au début, ici, quand tout est si silencieux.*

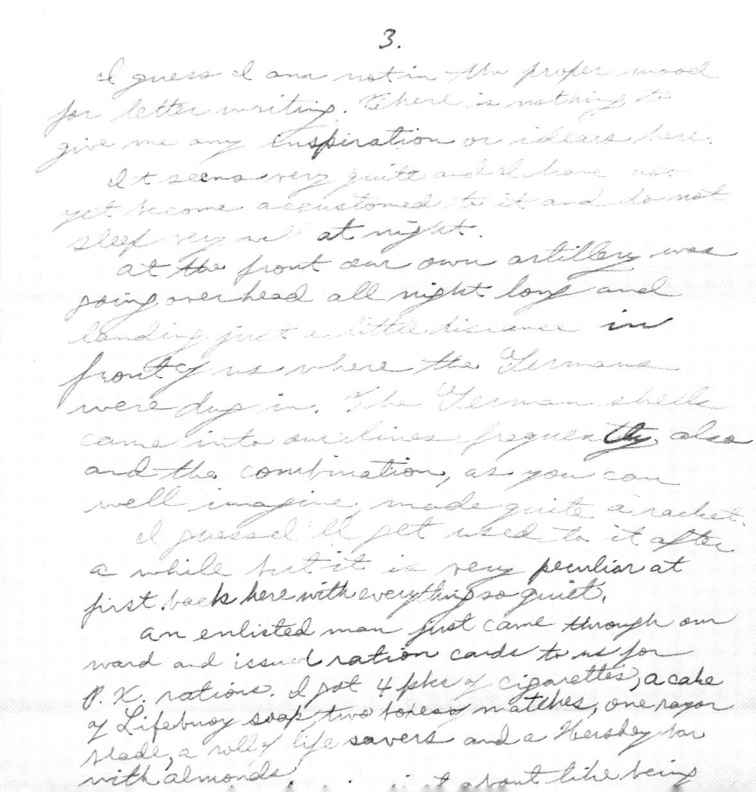
3.

I guess I am not in the proper mood for letter writing. There is nothing to give me any inspiration or ideas here.
It seems very quite and I have not yet become accustomed to it and do not sleep very well at night.
At the front our own artillery was going over head all night long and landing just a little distance in front of us where the Germans were dug in. The German shells came into our lines frequently also and the combination, as you can well imagine, made quite a racket.
I guess I'll get used to it after a while but it is very peculiar at first back here with everything so quiet.
An enlisted man just came through our ward and issued ration cards to us for P.X. rations. I got 4 pkgs of cigarettes, a cake of Lifebuoy soap, two boxes of matches, one razor blade, a roll of life savers and a Hershey bar with almonds. ... about like being

Emballages de barres de chocolat *Hershey's Tropical* consommées pendant la guerre. Développées en 1943 en parallèle des rations D pour supporter les chaleurs extrêmes du Pacifique, elles commencent à remplacer la ration D en 1945, au grand bonheur des GI qui trouvent les nouvelles un peu plus appétissantes. Elles restent toutefois bien inférieures aux standards de la maison et difficiles à mâcher et les soldats s'en servent donc comme instrument de troc avec les civils les moins méfiants… Pourtant, même ces derniers finiront par bouder ces rations étrangement distribuées à tout va !

Un soldat vient de passer dans notre chambre et nous a remis des cartes de rationnement pour le PX [Post Exchange, un magasin militaire]. *J'ai perçu quatre paquets de cigarettes, un pain de savon Lifebuoy, deux boîtes d'allumettes, une lame de rasoir, un rouleau de Life Savers et une barre de chocolat Hershey's aux amandes. Cette vie-là ressemble un peu à celle que nous menions en garnison. Nous nous lavons et nous nous rasons tous les jours. C'est la première fois que je récupère des rations avec une carte de PX depuis mon séjour en Angleterre en juin dernier, juste avant l'invasion (le Jour J). Quand j'y pense, tout ça me paraît si lointain maintenant. Il y a vraiment eu beaucoup de bouleversements depuis et nous avons parcouru une sacrée distance. Je suppose que ce n'est pas si étrange que cela me semble si loin après tout. Eh bien, chérie, je n'ai plus rien d'intéressant à écrire, alors je vais finir cette lettre et dévorer cette barre de chocolat que je viens de recevoir. C'est plutôt tranquille, hein ? Je suis allongée dans un lit propre, j'écoute la radio et je mange des sucreries.*

Créé en 1895, le magasin PX, pour Post Exchange, est pour le GI qui a la chance de se trouver sur une base arrière un vrai petit bout d'Amérique : bières, colas, tabacs, confiseries, avec toutes ses marques favorites ! Il n'échappe toutefois pas aux pénuries et doit toujours se contenter d'œufs en poudre…

Ma chérie, ne t'inquiète pas le moins du monde pour moi parce que je vais bientôt sortir d'ici, retrouver mon unité sur le front où je suis censé être, et repartir de plus belle jusqu'à ce que ces sales Allemands soient enfin anéantis. Je viens de voir un Major *dans le bloc médical, tout vêtu de "Pinks"* [pantalon et chemise des officiers en gabardine de laine de teinte gris rosé, portés sous une vareuse brun foncé] *et d'une veste bardée d'insignes. Ça m'a fait un sacré choc. C'est le premier officier que je vois en uniforme de sortie depuis mon départ d'Angleterre en juin dernier. Ces gens à l'arrière mènent vraiment la belle vie, crois-moi ! C'est très différent du front où les officiers et les hommes sont tous habillés exactement pareil, couverts de boue, sales et mal rasés, au point qu'on ne peut les distinguer les uns des autres, parce qu'ils n'arborent aucun insigne de grade. Je crois que je ferais mieux d'arrêter de penser au front et de profiter au mieux du temps que je passe ici. Je serai bientôt de retour avec la compagnie E à la recherche de lettres et de paquets.* »

Il lui faudra en réalité être patient, mais Otis a la chance d'avoir évité de peu l'attaque allemande surprise du 16 décembre 1944. Lancée à travers les Ardennes densément boisées de l'Est de la Belgique et du Luxembourg, au cours de l'un des hivers les plus froids du siècle, cette offensive éclair implique 450 000 hommes et 1 500 chars et canons d'assaut, perçant les lignes américaines dans l'espoir d'atteindre le port d'Anvers. Cet ultime coup de poker d'Hitler pourrait bien permettre aux Allemands d'encercler et de détruire quatre armées alliées, puis forcer les Alliés occidentaux à négocier un traité de paix. De nombreuses divisions sont en effet prises au dépourvu et débordées, juste au nord du secteur de la *4th Infantry Division*, qui doit reprendre le combat après seulement trois jours de court repos au Luxembourg. L'ennemi traverse la rivière Sauer tôt le matin, mais les *Ivy Men* réagissent rapidement et tiennent bon. Malheureusement, dans d'autres secteurs plus au nord, les Allemands opèrent une avancée spectaculaire, reprenant une grande partie de la ligne Siegfried et s'enfonçant profondément en Belgique, atteignant presque la ville de Dinant.

Ce petit carnet, dont la couverture fait référence à la chanson *Nous sommes maintenant dans l'armée !*, témoigne des terribles difficultés auxquelles les remplaçants devaient faire face. Débarqué début décembre 1944 en France, son propriétaire (malheureusement anonyme) fut affecté le jour de Noël à l'une des nombreuses divisions qui tentaient d'endiguer la contre-attaque allemande dans les Ardennes. Il n'a que très peu écrit, et uniquement au mois de décembre. Remarquez l'écriture tremblante suite à sa blessure…

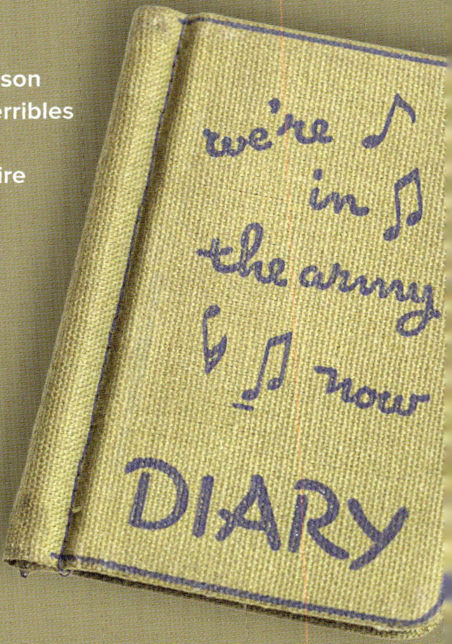

Jeu 7 : *« Descendu du bateau et suis allé dans un camp en France. »*
Ven 8 : *« Premiers jours en France, corvée de popotte. »*
Lun 25 : *« Dans un* foxhole. »
Mar 26 : *« Toujours dans un* foxhole. »
Mer 27 : *« Toujours dans un* foxhole. »
Jeu 28 : *« Blessé aujourd'hui, je suis allé à l'hôpital. »*
Ven 29 : *« Allongé au lit toute la journée. »*

L'espérance de vie d'un remplaçant sur le front ne dépassait pas quelques jours, voire quelques heures. C'était un fait connu de tous, et les remplaçants avaient bien du mal à se faire accepter dans une unité habituée à voir de nouveaux visages prendre la place des copains décédés. Les vétérans, de plus en plus rares à mesure que la guerre se prolongeait, se méfiaient également des erreurs de débutant qui pouvaient compromettre leur propre retour à la maison… Ils leur enseignaient donc le minimum nécessaire pour voir un autre lever de soleil, mais évitaient de s'attacher aux petits nouveaux. Le flux constant de remplaçants rappelait également aux anciens une dure et déprimante réalité : la seule issue possible est une blessure grave ou la mort, et s'ils ont été chanceux jusqu'à présent, tôt ou tard la roue tournera…

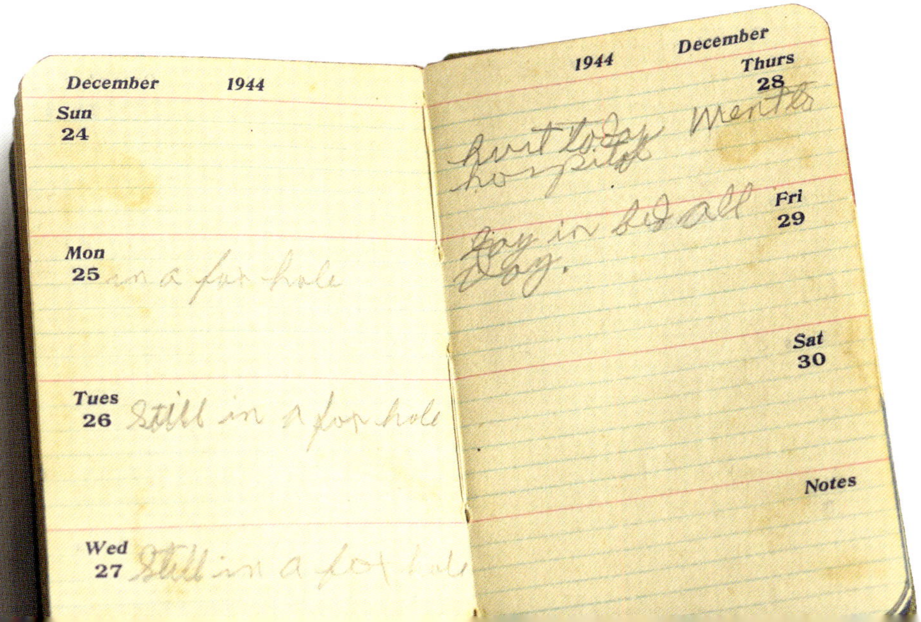

De nombreux secteurs pour lesquels la *4th Division* avait versé tant de sang tombent de nouveau aux mains de l'ennemi en un instant (à l'exception de la ville encerclée de Bastogne, héroïquement et notoirement tenue par les parachutistes de la *101st Airborne Division*)... La brèche dans les lignes alliées est si profonde (presque 100 kilomètres) que la bataille d'un mois qui s'ensuit pour la résorber est vite surnommée par les anglophones « bataille de la bosse ». Avec 89000 pertes américaines, dont environ 19000 tués, celle que nous appelons la bataille des Ardennes sera la plus importante et sanglante des campagnes menées par les États-Unis au cours de la Seconde Guerre mondiale, et la troisième plus meurtrière de toute leur histoire. De fait, les Alliés ne retrouveront leurs positions initiales qu'à la mi-février, lorsque les barrages de la Roer seront finalement capturés et la forêt de Hürtgen à nouveau nettoyée par la *82nd Airborne Division*.

Le 17 décembre, au lendemain de l'attaque allemande, Otis écrit : « *J'ai appris hier en fin d'après-midi que le chirurgien de l'hôpital général de Paris avait placé mon nom sur la liste des patients à évacuer vers l'Angleterre. J'ai protesté énergiquement, mais cela n'a pas eu le moindre effet positif. Le seul résultat a été qu'ils m'ont retiré tous mes vêtements pour s'assurer que je ne déserterais pas. Cela a mis un frein à tous mes projets de retrouver mon unité. N'importe qui y réfléchirait à deux fois avant de quitter un hôpital pour se promener dans les rues d'une ville aussi grande que Paris sans pantalon. Conformément à leur plan, on m'a chargé sur un autre brancard, mis dans une autre ambulance, puis dans un autre train-hôpital, et j'ai voyagé toute une nuit, toute la journée d'hier et la nuit dernière et me trouve maintenant sur un bateau qui se dirige vers l'Angleterre, même si je n'aime pas du tout ça. Je ne veux pas paraître ingrat envers les gentilles attentions et les excellents soins que les infirmières et le personnel médical m'ont prodigués depuis le début. J'apprécie sincèrement tout ce qu'ils ont fait pour moi. Cependant, ce qui me contrarie, c'est le fait que je m'éloigne tellement de mon unité qu'il me faudra des mois pour les retrouver. Je suis sûr qu'avec une semaine de repos et quelques traitements supplémentaires, j'aurais pu retourner au régiment et retenter ma chance contre ces minables de Jerries. Je me sens déjà beaucoup mieux, à part le fait que je suis furieux d'avoir été renvoyé en Angleterre.* »

Deux jours plus tard, Otis atteint le terme de son voyage : le *4166 General Hospital* près de Bristol, en Angleterre. Néanmoins, il est toujours convaincu qu'il retournera bientôt au front et aidera à repousser l'offensive allemande avec sa compagnie : « *Ma chérie, c'est très difficile pour moi actuellement de t'aimer si fort et d'être si loin. Je me sentirais beaucoup mieux si j'étais de retour au combat sur le front. Au moins, là-bas, j'avais le sentiment que je faisais tout mon possible pour que la guerre progresse et que la défaite de l'Allemagne soit assurée, afin que nous puissions tous retrouver rapidement nos proches à la maison. Ici, j'ai la sensation de n'aider en rien à porter le coup décisif aux Allemands. C'est une sacrée façon de faire la guerre. Je suis allongé dans mon lit et je ne fais rien d'autre que manger et dormir. Je serai bien content de partir d'ici et de retrouver mon unité. Je pense que la plupart des gens ici ne sont pas particulièrement concernés par ce genre de choses, mais je suis sûr que tu peux comprendre mon ressenti. Plus nous sommes nombreux ici, moins nous avons de forces dans la bataille et plus il nous faudra de temps pour vaincre l'Allemagne. Je t'écrirai et te dirai dès que j'aurai des précisions du chirurgien sur le temps qu'il faudra avant qu'ils me laissent retourner à ma bonne vieille quatrième division. N'oublie pas de m'écrire, ma chérie, car je me sens très seul ici et les heures passent très, très lentement. J'ai longtemps cru que j'allais passer un Noël blanc, mais les choses ont bien changé depuis, plus que je n'aurais jamais pu l'imaginer. Il n'y a pas de neige ici en Angleterre avant février. Juste de la pluie, du froid et du brouillard.* »

Quand Noël arrive, Otis se rend compte qu'il manque la fête aussi bien chez lui que sur le front… Il écrit au soir du réveillon : « *Eh bien, chérie, il est finalement là et il se déroule à peu près comme je le pensais. Je parle du réveillon de Noël. Nous avons tous fait de notre mieux pour décorer les chambres et faire entrer l'esprit de Noël dans notre environnement, mais ça n'a pas marché. J'imagine que ça ne changerait rien, quoi qu'ils fassent des lieux, où qu'ils soient. Ce ne sera jamais vraiment Noël sans toi, ma chérie. Je peux dire, rien qu'en regardant les autres officiers autour de moi, que la plupart d'entre eux ressentent la même chose que moi. J'ai entendu des chants de Noël à la radio presque toute la journée et j'espère que je n'aurai plus jamais à écouter Bing Cosby chanter* White Christmas. *Ça me file le bourdon et je me sens très seul.* [...]

Deux Anglaises sont venues il y a quelques minutes et nous ont offert un cadeau chacun. Il contenait deux paquets de cigarettes, deux paquets de bonbons, un paquet de chewing-gums, un miroir en acier, une petite pochette avec des supports transparents pour six photos, un petit carnet de notes et trois petits livres à lire. Cependant, je n'ai pas envie de lire des livres, alors j'ai commencé cette lettre à la place.

Alors que Judy s'apprête à célébrer son premier Noël sans Otis, ce dernier lui envoie cette carte de vœux de circonstance. Il ne manque pas de joindre à ses lettres une coupure du *Stars and Stripes* évoquant la réalité des hommes au front pendant les fêtes. Le personnage du sergent Richard Wingert, « Hubert », s'exclame en passant devant des dépouilles allemandes : « La seule bonne chose avec l'hiver, c'est que tout ne pue pas autant que l'été dernier ! »

Peut-être que je n'aurais pas dû te dire comment je me sentais ce soir. Tout le personnel médical a fait tout son possible pour créer une atmosphère joyeuse pour nous ici, mais il nous est impossible de nous sentir heureux et enjoués. [...] *Encore une fois, je ne pouvais pas m'empêcher de penser aux hommes et aux officiers de mon unité qui sont là-bas au combat. Je ne sais pas comment ils s'en sont tirés à Noël, mais je sais qu'à l'époque certains d'entre eux n'avaient pu manger le dîner de Thanksgiving que quatre ou cinq jours après. J'espère qu'ils pourront tous profiter d'un bon repas même si celui-ci leur est servi plusieurs jours plus tard. C'est toujours mieux que de ne pas en avoir du tout. Je sais par expérience combien ils apprécient le moindre repas chaud qu'ils peuvent se procurer.* »

À Bettendorf, Luxembourg, trois GI d'une section de mortiers de la compagnie E du *8th Infantry Regiment* (la compagnie que commandait Otis) terminent un « festin » de rations C.

Otis passera le réveillon du Nouvel An dans le même état d'esprit, malgré les parties de puzzle avec d'autres officiers de sa chambre pour occuper ses pensées. Pendant ce temps, les *Ivy Men* tentent toujours de repousser les Allemands à Dickweiler et Osweiler, avant de contre-attaquer en janvier sur la Sauer. Le 9 janvier, Otis n'a pas reçu une seule lettre de Julia depuis qu'il a quitté le front un mois plus tôt. Il écrit : « *Je trouve particulièrement compliqué le fait de continuer à écrire chaque jour, car il n'y a pas la moindre nouveauté ni la moindre agitation ici. Il n'y a rien d'intéressant à raconter, juste la même vieille routine de repas réguliers, de rendez-vous de 9 heures chaque matin au service de physiothérapie où l'on me prodigue des traitements thermiques et des massages. Mon état s'améliore peu à peu et je serai bientôt de nouveau en excellente santé, en meilleure forme que jamais et sur le chemin du retour vers ma compagnie. Je n'ai pas reçu de courrier depuis mon évacuation le 9 décembre et j'espère et je prie pour que l'on me remette bientôt quelques-unes de tes lettres.* [...] *Ça ne me dérange pas du tout de ne pas recevoir mes cadeaux de Noël et tout serait merveilleux si je pouvais seulement avoir de tes nouvelles et savoir avec certitude que toi et Bobbie êtes en bonne santé* [...]. *La dernière lettre que j'ai reçue de toi est celle que tu as envoyée lorsque tu as quitté l'hôpital de Rutland. Dans celle-ci, tu disais que Bobbie et toi alliez bien. J'attends avec impatience le jour heureux où, après la fin de cette guerre et notre victoire, je rentrerai pour relancer notre heureuse vie de couple marié. Le simple fait de te tenir à nouveau dans mes bras me fera oublier toute cette désagréable et horrible expérience que nous avons vécue ici, et je ne demande qu'à continuer à traverser la vie à tes côtés. Il y a une chanson extrêmement populaire à la radio en ce moment et elle me hante nuit et jour. Elle s'appelle* Je marche seul [appelée *I Walk Alone* par Otis, son titre exact est en réalité *I'll Walk Alone,* chantée par Dinah Shore en 1944] *et elle me fait toujours me sentir triste et seul, même si j'aime beaucoup cette chanson. Il y a une dame anglaise de la Croix-Rouge britannique qui nous apporte de petits articles à fabriquer nous-même (pour ceux qui sont en état et qui peuvent utiliser leurs mains).*

Ces volontaires de la Croix-Rouge apportent distractions et réconfort à ces blessés américains : couture (ci-dessus) ou poterie (ci-dessous) ne sont que quelques-unes des multiples activités proposées à ces hommes qui n'ont longtemps connu que la mitraille et le grondement des obus.

J'ai fait un étui à cigarettes en cuir, un petit sac à main que j'utilise et j'ai fini un petit ours en peluche vert pour Bobbie. Je commencerai à lui fabriquer un kangourou demain et je les lui enverrai quand je l'aurai terminé. J'espère qu'il sera bientôt assez grand pour jouer avec. Je n'ai aucune nouvelle de mon unité et je suis curieux de savoir comment ils se sont débrouillés. Je sais qu'ils étaient sur la route de la percée Jerry, alors peut-être que j'ai eu de la chance après tout. Je me demande souvent comment ils s'en sortent là-bas et j'espère recevoir des nouvelles bientôt [à la mi-janvier, il retrouvera deux officiers de sa division et de son ancienne *99th Division*, qui quant à elle a pris de plein fouet l'offensive allemande sur la crête d'Elsenborn, seul secteur de la ligne de front américaine où les Allemands n'ont pas réussi à percer. Il écrira : « *Ils en ont sacrément bavé là-bas peu après mon départ, donc j'ai peut-être eu de la chance de partir à ce moment-là. On ne peut jamais savoir et c'était peut-être mieux ainsi.* »]. *L'un de mes camarades a reçu 21 lettres ce matin et 79 cet après-midi, soit un total de 100, ce qui l'a certainement rendu très heureux. Je m'attends à recevoir un de ces jours une pile comme celle-là, mais en attendant, ça devient assez pénible.* » Le 23 janvier, Otis est transféré dans un centre de rééducation (au *4068 Army Hospital Plant*) pour y suivre un entraînement physique et des marches de renforcement musculaire avant de rejoindre son unité. En ce qui concerne son moral, les toutes premières mais rares lettres de sa femme le 29 janvier, pleines de bonnes nouvelles concernant le bébé, feront des miracles.

Un ancien fantassin vient chercher conseil auprès d'une volontaire de la Croix-Rouge, lui montrant le porte-monnaie en cuir qu'il vient de fabriquer.

LA DOUCE VIE PARISIENNE

« *Quelque part en Angleterre, le 6 février 1945.*

Très chère Judy, j'ai reçu hier une surprise. Je venais de commencer mon premier jour d'entraînement avec le groupe C. Lors du premier rassemblement après le déjeuner, à 13 h 30, ils ont appelé mon nom pour que je me présente au quartier général. À mon arrivée, on m'a dit de faire mes bagages, que je partais à 15 h 30, ce qui ne me laissait bien sûr que deux heures pour me préparer. C'était très surprenant car normalement j'aurais dû passer trois semaines de plus au centre de rééducation. Et donc, ma chérie, comme je l'ai déjà dit, c'était hier et j'ai empaqueté mes quelques uniformes et équipements et je me suis mis en route. J'ai pris le train tout l'après-midi et toute la soirée jusqu'à 1 heure du matin. J'ai dormi de 2 heures du matin à 9 heures et je suis maintenant sur un navire qui se dirige vers la France. Je pense que nous allons rester au port cette nuit et traverser la Manche de jour demain.

Je ne sais pas encore quelles seront mes fonctions, mais d'après ce que j'ai compris, je serai en service dans une cour martiale pendant 60 jours. J'en saurai plus à mon arrivée à destination. Je serai stationné tout près de Paris, donc si la rumeur est vraie et que je dois faire partie de la Commission des cours martiales, j'aurai peut-être l'occasion de voir Paris sans avoir à combattre. Je suppose que tu te souviens que je t'ai dit que mon unité a combattu à Paris le 25 août et a rejoint la 2e division blindée française. Nous avons été les premières troupes américaines à entrer dans Paris et il y avait encore quelques bagarres (quelques tireurs d'élite, etc.) le 25 et nous avons continué à avancer jusqu'à ce que nous rencontrions une forte résistance à environ 20 kilomètres au nord-est de Paris. Nous n'avons jamais eu le loisir de faire un tour dans la capitale. Cette fois, j'aurai peut-être cette chance. J'espère bien, car dans 60 jours, je devrais être à nouveau en excellente forme physique. [...]

Non loin de la tour Eiffel, la garnison allemande de l'école militaire a transformé l'édifice en véritable bastion. Les combats contre les Français de la 2e division blindée seront très violents, comme l'attestent encore aujourd'hui ses murs criblés d'impacts de balles.

Trésor, il m'est difficile de t'écrire maintenant. Tu vois ma chérie, je t'aime de tout mon cœur et de toute mon âme et j'ai attendu avec impatience de recevoir tes lettres, les photos que tu as envoyées de Bobbie et tout le reste. Maintenant, je pense qu'il me faudra encore attendre un certain temps avant que le courrier ne me soit remis donc je me sens à nouveau seul et déprimé. Ne t'inquiète pas pour moi, ma chérie, car tout ira bien quand je reprendrai le travail, mais c'est assez dur quand il faut attendre si longtemps des nouvelles de ceux que tu aimes tant à la maison. Enfin bon ! C'est la guerre, et la guerre, c'est l'enfer ! »

Otis est de retour en France, mais il restera pour l'instant loin des lignes de front. Paris a beaucoup changé depuis qu'il s'y est battu moins de six mois auparavant : la *HQ Seine section, Communications Zone* (l'arrière du front européen, s'occupant des lignes de communication, du ravitaillement, de l'entretien et du soutien général des opérations) s'est accaparée la capitale. L'armée américaine a réquisitionné plus de 3600 propriétés pour en faire des bureaux, des cantonnements et des dépôts, a engagé plus de 110000 civils, a réparé et construit des écluses et des ponts, a ouvert 16 hôpitaux et mis en service 42 trains médicaux, et installé de nombreux autres services logistiques. Le bureau du juge-avocat général (JAG) auquel Otis est affecté fait partie de cette « Com Z ».

Ci-dessus : écusson d'épaule de la *European Theater of Operations US Army HQ Communications Zone* (*ETOUSA HQ Com Z*). Comme tout emblème d'unité, il est chargé de symboles : l'éclair rouge représente les forces terrestres et aériennes alliées brisant les chaînes de l'oppression nazie, tout en formant le V de la victoire, tandis que l'étoile bleue à cinq branches dans le cadre blanc à six lobes rappelle l'écusson des services d'approvisionnement.

Otis passe la plupart de ses journées au tribunal, où il assiste aux procès en cour martiale de soldats pour violation des règlements de l'armée, le plus souvent pour avoir déserté leurs unités. Bien que la peine pour désertion en temps de guerre puisse aller jusqu'au peloton d'exécution, ils sont généralement condamnés à être démobilisés avec déshonneur, à perdre toutes les rémunérations et indemnités dues ou à venir, et à être astreints aux travaux forcés pendant des années. Des 103 GI condamnés à mort par la cour martiale au cours de la Seconde Guerre mondiale, tous sauf un le seront pour viol ou meurtre d'un civil. Le seul fusillé pour cause de désertion, le *Private* Eddie D. Slovik (24 ans, ci-contre) de la *28th Infantry Division*, était un remplaçant traumatisé par son premier bombardement, alors qu'il devait rejoindre sa compagnie de fusiliers au cœur de la forêt de Hürtgen. Son passé de délinquant et ses aveux (Eddie pensait être envoyé en prison, une expérience qu'il connaissait déjà et préférait clairement à celle du combat) ne joua pas en sa faveur lorsque la cour chercha à faire de lui un exemple pour décourager de futurs déserteurs. Le 31 janvier 1945, il fut abattu par un peloton de 12 hommes de son régiment, sélectionnés au hasard et dont l'un des fusils Garand M1 était chargé de balles à blanc (sorte de roulette russe inversée pour alléger le poids psychologique de l'exécution pour les 12 hommes, qui espéraient tous ne pas avoir porté un coup fatal à leur ancien camarade).

Otis écrit le 9 : « *J'ai bouclé la traversée de la Manche en navire-hôpital et je suis arrivé à Paris en train-hôpital. Je serai en poste ici à Paris pendant les 60 prochains jours, en mission spéciale auprès*

du bureau du juge-avocat général à assister à des cours martiales. Je crois que ce sera une mission plaisante, pour une fois, et je pense que le travail sera très intéressant. J'aurai sans doute l'occasion de visiter certains des monuments de Paris et j'espère pouvoir t'acheter des souvenirs. [...] *Nous sommes toujours considérés comme des patients en convalescence et devons nous présenter au chirurgien une fois par semaine pour vérifier que nous allons bien et que notre condition physique s'améliore. Il s'agit d'un contrôle de routine car nous n'avons plus besoin de traitement médical.* [...] *Tout ça ne me réjouit tout de même pas vraiment, parce qu'en ce qui me concerne, ce n'est pas comme ça que je souhaite faire la guerre. Je veux dire être affecté à une telle tâche ici à Paris, à mener la belle vie, alors que mes gars vivent l'enfer là-bas, aux prises avec les Allemands, et que je sais qu'ils ont un grand besoin d'officiers* [à ce stade, les Allemands ont été repoussés fin janvier, marquant la fin de la bataille des Ardennes, et la *4th Division* a traversé une fois de plus la ligne Siegfried et de nombreux champs de bataille familiers, jonchés de morts allemands et américains à moitié enterrés dans la neige. Malheureusement, elle sera bientôt stoppée sur la rivière Prüm par la vive résistance ennemie des parachutistes du *Fallschirmjägerregiment 15*]. *Il est malheureusement impossible de me libérer de cette mission et de rejoindre ma compagnie. Un colonel a essayé aujourd'hui, comme certains d'entre nous, et il n'a pas plus que nous atteint la première base. Il faisait carrément partie de l'état-major du général Patton, tu peux donc imaginer nos chances de réussite si même lui n'arrive pas à rejoindre son organisation. Il faut juste attendre que ça passe pendant 60 jours et c'est tout.* [...] *À la réflexion, ce n'est pas si mal après tout. J'ai passé 5 mois au combat, et c'est beaucoup plus que ce que certains officiers ont connu. Nombreux sont ceux qui n'ont même jamais quitté les États-Unis, ou qui ne sont jamais allés plus loin que l'Angleterre ou un endroit douillet de l'arrière comme Paris, alors je pense que je peux le supporter pendant 60 jours.*

Insigne de col du JAG.

Ces photos personnelles prises à Paris en 1945 étaient mélangées aux lettres et souvenirs d'Otis, bien qu'il ne semble pas apparaître sur ces photos. Il est très probable qu'elles lui aient été envoyées par un bon ami officier dans une compagnie médicale, également originaire du Vermont.

Il est impossible d'y faire quoi que ce soit de toute façon. Le capitaine Dumaine et moi avons eu quelques difficultés à emprunter le métro parisien, mais je pense qu'après quelques jours nous nous y habituerons et que ce sera beaucoup plus facile. Bien sûr, pour rendre les choses encore plus déroutantes, les panneaux, les noms des stations et tous les civils parlent français, donc c'est bien pire qu'à New York ou n'importe quelle grande ville de chez nous. [...] *Certaines des choses que j'ai vues me donnent toujours des frissons, quand tu penses à ce que certains civils ici (hommes, femmes et enfants) ont enduré en termes de terreur, d'épreuves et de souffrance, et je ne parle même pas de ce que nous, nous avons vécu dans les forces armées. Si tu avais vu certaines des choses auxquelles j'ai assisté et dont j'ai été témoin, tu comprendrais. J'aime te savoir saine et sauve à la maison, avec Bobbie, à attendre patiemment que je rentre pour reprendre notre douce vie conjugale là où elle a été interrompue par la guerre, et profiter de tout ce que la vie et Dieu nous réservent dans notre futur commun !* [...]

Les nouvelles semblent bien meilleures ces jours-ci, mais je réalise qu'il en coûte la vie à un bon nombre d'Américains, ou je devrais dire d'Alliés, pour qu'il en soit ainsi. Je commence à me demander combien de temps encore ces minables de Krauts peuvent tenir le coup. Je pensais déjà la même chose il y a trois mois et ils ont réussi à tous nous prendre de court. Je ne vois pas comment ils pourraient avoir la force de refaire le même coup. Ils ont assurément perdu beaucoup d'hommes et de matériel, mais bien sûr, leur effectif actuel reste inconnu. Ce sera certainement un jour heureux pour le monde entier quand tout sera réglé. J'ai quelques coupures de presse du Stars and Stripes *que je joindrai à cette lettre et j'espère que tu auras plaisir à les lire.* »

Dans une lettre datée du 25 février, Otis décrit l'uniforme qu'il porte pour ses nouvelles missions : « *Lorsque j'ai quitté mon unité au combat en Allemagne, je portais mon uniforme de campagne. Des sous-vêtements à manches longues, une chemise et un pantalon en laine sur lesquels j'avais un pull kaki, un pantalon et une veste de combat, et mon casque. De tels vêtements, en plus d'être très sales, n'étaient pas adaptés pour ma nouvelle affectation dans les tribunaux militaires. Je suis parti avec seulement ce que j'avais sur moi et j'ai laissé tout le reste avec mon sac et mon tapis de couchage là-bas avec la compagnie. Je ne sais pas ce que mes affaires sont devenues, mais si les Allemands ne les ont pas capturées, je les retrouverai au ravitaillement à mon retour, je l'espère. J'ai acheté une veste de campagne qui a coûté 30 dollars. Elle est imperméable à l'extérieur et a une doublure en laine boutonnée qui la rend très chaude par temps froid. J'ai acheté une paire de chaussures qui m'a coûté 6 $ (fabriquées en Angleterre), un pantalon kaki à 10 $, une veste en laine, des insignes tels que des ornements de cols "US", des fusils croisés pour l'infanterie, etc. ainsi que des sous-vêtements, des chaussettes, un calot et une cravate. C'est un peu comme être en garnison ici, donc il me fallait cet uniforme.* [...] *J'ai l'impression de faire très peu pour l'effort de guerre, alors je suppose que tu peux comprendre pourquoi je suis si impatient de retourner au front.* »

Cette veste montée d'origine a appartenu au lieutenant Wood, vétéran des combats en Europe et assigné comme Otis au *Judge Advocate General Corps, Com Z*. Bien que ce mannequin soit censé représenter Otis, qui indique dans sa lettre avoir monté sur son col des badges d'infanterie (à deux fusils croisés) en lieu et place de ces badges à épée et plume du JAG, cette veste de sortie dite « Ike » a été conservée dans sa configuration d'origine (d'où les barres simples de lieutenant aux épaules, qui auraient été celles de capitaine). Sur sa poitrine, Otis aurait également arboré des rubans de médaille différents : une barrette de citation présidentielle, le *Combat Infantry Badge*, peut-être un ruban violet *Purple Heart* pour sa blessure et une *American Defense Service* jaune pour son engagement précoce. De même, le ruban *European Theater of Operations* vert et marron ne porterait que trois étoiles de campagne au lieu de quatre ici (Wood ayant probablement participé au débarquement en Normandie). Seules la médaille de bonne conduite rouge et la *American Campaign* bleu clair auraient été communes aux deux uniformes ! Avec le patch de la *4th Infantry Division* à l'épaule droite (son ancienne unité), Otis a toutefois porté ce même écusson du *HQ ETO US Army, Communications Zone*, sur l'épaule gauche (unité de rattachement actuelle).

Ce type de bannière dit *Son in service* était accroché aux fenêtres des foyers américains dont les fils et filles servaient leur pays, identifiés par une étoile bleue chacun(e). Si un membre de la fratrie devait perdre la vie au combat, son étoile deviendrait dorée, représentant le sacrifice ultime. Dans la maison familiale d'Otis, sa mère aura bientôt à afficher une bannière à la configuration identique à celle ci-dessus, puisqu'Otis apprendra la mort de son frère Maurice, tué dans le Pacifique.

MAUVAISES NOUVELLES

Bien qu'Otis veuille tant retourner au front, il sait quel danger l'y attend, et les nombreuses mauvaises nouvelles qu'il recevra en ce mois de mars 1945 ne feront que confirmer que la guerre est loin d'être terminée. Otis écrit de Paris le 6 : « *Les coupures de journaux que tu as jointes à ta lettre m'ont beaucoup intéressé, ma douce. Je les ai toutes lues et j'espère que tu as réussi à te tenir au chaud pendant ces froides journées d'hiver. Ma bonne vieille* 43rd Division *a vu pas mal d'action et j'imagine que malheureusement peu de gars de la bande de l'époque rentreront à Rutland* [l'ancienne division d'Otis, envoyée dans le Pacifique, a en effet combattu en Nouvelle-Guinée et dans les îles Salomon, et se trouve maintenant à Luzon aux Philippines, aux côtés de la *25th Infantry Division* à laquelle appartient Maurice Hewett, le frère d'Otis]. *Peut-être que j'ai eu de la chance de ne pas y être allé avec eux après tout, même si ça m'a fait un mal de chien de les quitter à Camp Blanding, en Floride, en janvier 1942.*

Les coupures de presse sur Babe Taylor et Merril Clark étaient aussi très dures à encaisser. Je connais très bien Wilfred Taylor car il vivait tout près de chez moi, sur Crescent Street. Je n'arrive pas à croire qu'il était assez âgé pour s'engager dans les forces armées. Je le vois encore tout gamin et aujourd'hui il est mort, tué au combat en Belgique le jour de Noël [Wilfred Hartwell Taylor, un parachutiste du *502nd Parachute Infantry Regiment* de la *101st Airborne Division*, est mort de blessures reçues au combat alors qu'il défendait des positions sur la partie nord-ouest de la ville encerclée de Bastogne, au plus fort de la bataille des Ardennes. Lors d'une attaque qui eut lieu au matin de Noël dans le village de Hemroulle, de nombreux chars

1/15/45

TLAND DAILY HERALD,

Pfc. Taylor War Victim

Paratrooper Killed in Belgium on Christmas Day, Mother Is Informed.

Paratrooper Wilfred H. Taylor, 27, one of three sons of Mrs. Sue Taylor of 28 Crescent street fighting for their country, has been killed in action in the European theater. Mrs. Taylor, who is the widow of Ethan H. Taylor, received a telegram Saturday from the War department, stating that her son had lost his life in Belgium on December 25.

PFC. WILFRED H. TAYLOR.

A graduate of Rutland High school, Pfc. Taylor, a member of a allemands avaient pu pénétrer dans les lignes américaines]. *Je connais aussi très bien Merril Clark, chérie. C'était un très bon ami à moi et un gars sacrément gentil. Mais il s'en sortira peut-être, car il est prisonnier de guerre et pourrait être libéré par nos troupes. J'ai rencontré un officier il y a quelques nuits dans un café en ville qui était dans le lot d'officiers et d'hommes que j'ai ramené d'Angleterre en France en juin dernier. Il m'a donné des nouvelles d'un tas de nos gars. Nous étions 20 officiers et 230 soldats, et bien sûr, j'ai perdu toute trace d'eux depuis. Certains d'entre eux vont toujours bien et sont en pleine forme, mais d'autres ont disparu au combat ou ont été tués. C'est en pensant à toutes ces choses que l'on se rend compte qu'il y a une sale guerre qui se déroule ici et qu'elle n'est pas encore achevée !*

La mission spéciale qui m'a été confiée ici à Paris n'est pas la plus plaisante du monde, ma chérie. Je ne l'apprécie pas beaucoup. Je suis maintenant président d'une commission spéciale de la cour martiale qui juge les hommes qui cherchent à s'attirer des ennuis ici à Paris. Nous n'avons pas assez de travail pour nous occuper. Nous nous réunissons tous les après-midi à 13 h 30, sauf le dimanche, et nous terminons généralement à 17 heures. Paris est une très belle ville, et j'ai eu l'occasion de la voir à une heure presque normale. Elle est très différente de celle où nous avons combattu les 24 et 25 août, bien qu'il soit encore très difficile pour la population civile d'acheter de toutes sortes de denrées alimentaires. L'endroit ne manque pas de spectacles, de boîtes de nuit et de cafés, mais je me sentirais comme une âme en peine si je devais y aller sans toi. [...] *Ce soir, après le dîner, je suis allé au bar prendre quelques bières avec le capitaine McCord* [de Pennsylvanie, dans la *26th « Yankee » Infantry Division*] *qui vit au même endroit que moi. J'ai jeté un coup d'œil à l'autre bout de la pièce et j'ai aperçu le lieutenant Perciaccanto* [Peter P. Perciaccanto, de New York] *! Je me suis précipité pour le saluer et on a refait le monde. Il m'a montré des photos de sa petite fille et elle est adorable. Il m'a dit que toi et sa femme vous vous écriviez toujours, alors raconte-lui la prochaine fois que tu le feras. Je me souviens que dans une lettre, tu m'avais appris qu'il avait été blessé et qu'on lui avait remis la* *médaille* Purple Heart. *Il a été blessé à nouveau et s'en est remis. Il est maintenant en service restreint, ce qui signifie qu'il n'a plus de mission de combat. Il avait l'air assez satisfait de cette situation et je le comprends tout à fait. Il a vraiment eu de la chance et il en est parfaitement conscient.* »

Six jours plus tard, les mauvaises nouvelles allaient le concerner de manière plus personnelle encore : « *J'ai reçu aujourd'hui une lettre de ma mère datée du 1er mars et elle m'a dit que Mme Fuller l'avait appelée pour lui dire qu'Eleanore avait reçu un télégramme du ministère de la Guerre, à Washington DC, lui apprenant que mon frère avait été tué le 29 janvier à Luzon. Elle a dit qu'elle avait été incapable de m'en parler plus tôt et qu'elle n'a pas pu écrire avant le 1er mars. Ça a été très dur à digérer et je sais que tu dois être capable d'imaginer ce que j'ai ressenti. Je sais que cela a dû être terrible pour Mère et je n'ai pas encore pu lui répondre, mais je le ferai après avoir terminé cette lettre. Il n'y a rien que je puisse dire pour la réconforter.* »

Le terrible message reçu par la femme de Maurice, Eleanore (prénom mal orthographié dans le télégramme), le 25 février 1945…

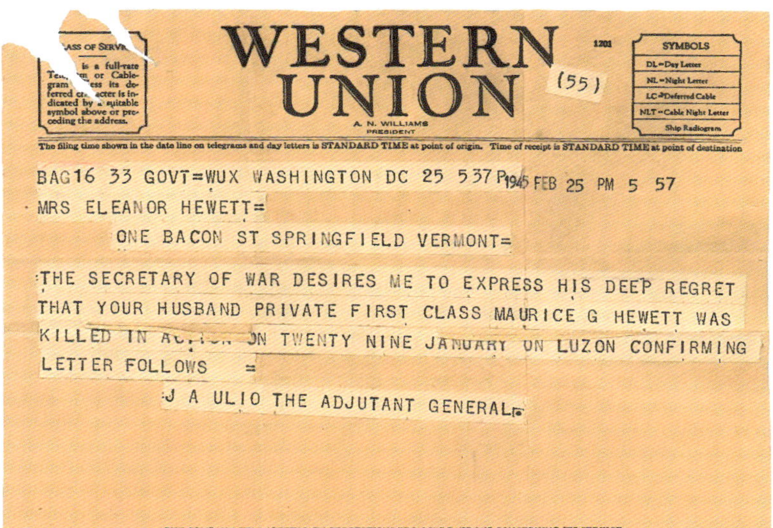

ASS OF SERVI…
… is a full-rate Te… or Cable-gram …ess its deferred c…acter is indicated by a suitable symbol above or preceding the address.

WESTERN UNION
A. N. WILLIAMS
PRESIDENT

1201

(55)

SYMBOLS
DL = Day Letter
NL = Night Letter
LC = Deferred Cable
NLT = Cable Night Letter
Ship Radiogram

The filing time shown in the date line on telegrams and day letters is STANDARD TIME at point of origin. Time of receipt is STANDARD TIME at point of destination

BAG16 33 GOVT=WUX WASHINGTON DC 25 537P 1945 FEB 25 PM 5 57
MRS ELEANOR HEWETT=
ONE BACON ST SPRINGFIELD VERMONT=

THE SECRETARY OF WAR DESIRES ME TO EXPRESS HIS DEEP REGRET THAT YOUR HUSBAND PRIVATE FIRST CLASS MAURICE G HEWETT WAS KILLED IN ACTION ON TWENTY NINE JANUARY ON LUZON CONFIRMING LETTER FOLLOWS =

J A ULIO THE ADJUTANT GENERAL.

THE COMPANY WILL APPRECIATE SUGGESTIONS FROM ITS PATRONS CONCERNING ITS SERVICE

Le frère cadet d'Otis, Maurice Gilbert Hewett (ci-contre portant un calot de la Garde nationale), est né le 29 janvier 1917. Tout comme Otis, il a servi dans la *43rd Division* de la Garde nationale du Vermont pendant 10 ans avant son entrée en service fédéral le 24 février 1941. Avant son enrôlement, il était employé comme jardinier et marié à Eleanore (Fuller). Il fut affecté comme soldat de première classe à la compagnie I, *35th Infantry Regiment, 25th* « *Tropic Lightning* » *Infantry Division* et envoyé dans le Pacifique.

Bien que les unités les plus connues de ce théâtre d'opérations appartenaient principalement à l'*US Marine Corps* (quasiment absent d'Europe), sa division était rattachée à l'*US Army*. Après avoir combattu à Guadalcanal et en Nouvelle-Géorgie sous les ordres du célèbre général Douglas MacArthur, la *25th Infantry Division* participait alors à la libération des Philippines, débarquant sur les plages de San Fabian dans le golfe de Lingayen (Luzon) le 11 janvier 1945. Au contact de l'ennemi à Binalonan six jours plus tard, elle affronta ensuite les blindés japonais dans les rizières, lors de sa progression vers San Jose. Le 29, le régiment de Maurice se dirigeait vers Umingan, le long de la route Rosales-San Leon (de nos jours appelée route Umingan-Rosales) avec le troisième bataillon (de Maurice) sur sa droite, face à une résistance mesurée. Cependant, le terrain très plat et dégagé des deux côtés de la route était parfait pour des embuscades à la mitrailleuse, et Maurice fut tué lors de l'attaque du petit hameau de Gonzales. Il est mort à la date exacte de son 28e anniversaire... Maurice laisse derrière lui un fils, Ronald.

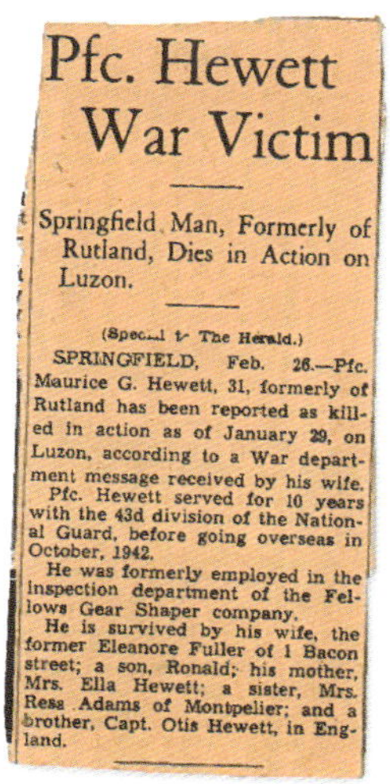

Pfc. Hewett War Victim

Springfield Man, Formerly of Rutland, Dies in Action on Luzon.

(Special to The Herald.)

SPRINGFIELD, Feb. 26.—Pfc. Maurice G. Hewett, 31, formerly of Rutland has been reported as killed in action as of January 29, on Luzon, according to a War department message received by his wife.

Pfc. Hewett served for 10 years with the 43d division of the National Guard, before going overseas in October, 1942.

He was formerly employed in the inspection department of the Fellows Gear Shaper company.

He is survived by his wife, the former Eleanore Fuller of 1 Bacon street; a son, Ronald; his mother, Mrs. Ella Hewett; a sister, Mrs. Ressa Adams of Montpelier; and a brother, Capt. Otis Hewett, in England.

Above is Pfc. Maurice G. Hewett, 31, of Springfield, a Rutland High school graduate, who was killed in action on Luzon on January 29.

« L'État du Vermont reconnaît avec une profonde compassion le lourd sacrifice consenti par la famille de Maurice Gilbert Hewett, mort en servant dans les forces armées des États-Unis d'Amérique. »

Sa femme Eleanore recevra une lettre du 1er lieutenant Yates : « *Ma chère Mme Hewett, j'écris cette lettre dans l'espoir qu'elle soulagera d'une certaine façon la peine que vous avez éprouvée depuis la notification du décès de votre mari, le soldat Maurice G. Hewett. Au cours des huit derniers mois, j'ai été le commandant de la compagnie du soldat Hewett. Maurice a été tué lors de l'attaque de la localité de Gonzales, à Luzon, dans les îles Philippines, le 29 janvier 1945. En tant que messager de la section de tête de la compagnie, il accomplissait son devoir de manière remarquable lorsqu'il a été tué instantanément par une mitrailleuse japonaise. Son corps a été immédiatement récupéré et enterré avec les honneurs militaires dans le cimetière militaire américain de Santa Barbara, à Luzon. Nous partageons votre perte. Un bon ami et un excellent soldat manquera à tous les hommes et officiers de la compagnie. Nous ne l'oublierons pas et vous promettons que nous ferons de notre mieux pour justifier son sacrifice. Sincèrement vôtre.* » Le corps de Maurice a finalement été rapatrié aux États-Unis par bateau le 4 mai 1949. Il repose aujourd'hui au *Horton Cemetery* à Chittenden, dans le Vermont.

Ci-dessus, des soldats de la *25th Infantry Division* « *Tonnerre des tropiques* » à l'assaut d'une position de mitrailleuse japonaise à Luzon, en mars 1945. À droite, aux côtés de documents ayant appartenu à un vétéran de la division, un billet d'invasion japonais de 5 pesos (décliné par l'Empire pour chaque pays d'Asie et du Pacifique envahi par son armée), tamponné par l'*US Army* pour *safe keeping* (conservé en souvenir).

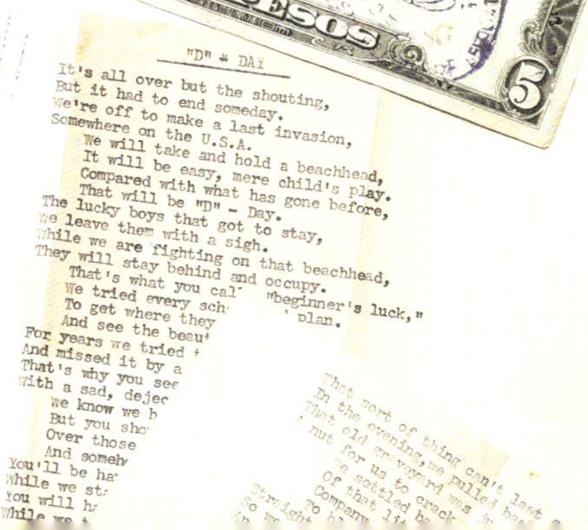

"D" * DAY

It's all over but the shouting,
But it had to end someday.
We're off to make a last invasion,
Somewhere on the U.S.A.
We will take and hold a beachhead,
It will be easy, mere child's play.
Compared with what has gone before,
That will be "D" - Day.
The lucky boys that got to stay,
We leave them with a sigh.
While we are fighting on that beachhead,
They will stay behind and occupy.
That's what you cal[illegible] "beginner's luck,"
We tried every sch[illegible]
To get where they [illegible] plan.
And see the beau[illegible]
For years we tried [illegible]
And missed it by a [illegible]
That's why you see [illegible]
With a sad, dejec[illegible]
We know we h[illegible]
But you sho[illegible]
Over those [illegible]
And someh[illegible]
You'll be ha[illegible]
While we st[illegible]
You will h[illegible]
While we [illegible]

That sort of thing [illegible]
In the evening, we pul[illegible]
That old graveyard was [illegible]
A nut for us to crack [illegible]
We settled b[illegible]
Of that [illegible]
Company [illegible]
To [illegible]
Straight [illegible]
So [illegible]

La fin du mois est chargée d'émotions contrastées, car tout en comptant les jours avant de retourner à son unité et malgré la réception d'une pile de lettres de la maison, le moral d'Otis est clairement entamé par toutes les mauvaises nouvelles récentes : « *J'ai reçu huit lettres aujourd'hui. Deux d'entre elles étaient de toi et une contenait une photo de toi et Bobbie. La première chose que j'ai faite a été de découper les bords de la photo pour qu'elle puisse tenir dans la petite pochette transparente de mon portefeuille et de la placer là où je peux la regarder à chaque fois que je me sens seul et que j'ai besoin d'un petit coup de pouce pour me remonter le moral. Je trouve la photo merveilleuse et je peux t'assurer, ma chérie, que je suis ravi de l'avoir reçue.* [...] *Cependant, il y en avait une qui a été écrite par mon frère le 18 octobre. Comme il a été tué à Luzon dans le Pacifique, tu dois avoir une idée de ce que cela m'a fait.* [...] *Une des lettres que j'ai reçues aujourd'hui était de ma mère et disait qu'elle n'avait pas reçu de nouvelles de toi depuis un certain temps. J'aimerais que tu lui écrives de temps en temps, même si je sais que tu es très occupée par notre fils et que tu dois aussi prendre soin de la maison. Elle doit se sentir très seule depuis la mort de mon frère. Dans sa lettre, elle dit que Johnny Adams* [le neveu d'Otis, âgé de 20 ans, fils de sa sœur Resa] *est resté à la maison pendant 12 jours et qu'il s'attend à rejoindre le Pacifique d'un moment à l'autre. Ce sera un souci supplémentaire pour elle s'il participe aux opérations là-bas.* [...]

J'ai remis la suite de cette lettre à plus tard parce que mon esprit est parti très loin et je n'ai pas réussi à me concentrer suffisamment pour coucher mes pensées sur papier. Je t'aime plus que tu ne le sauras jamais, ma chérie, et j'aime t'écrire souvent. Mais parfois, je me mets à réfléchir à tout ce qui s'est passé et à ce que les choses auraient pu être et ce n'est pas très réjouissant. Alors j'ai décidé qu'il était temps de changer d'air et je suis parti faire un tour. J'ai visité la cathédrale Notre-Dame samedi matin et c'est vraiment un lieu remarquable. Je suis sûr qu'il n'y a aucune autre église au monde qui soit aussi belle, chargée d'histoire et dont la construction est aussi complexe et minutieuse. Sur la façade à l'entrée, il y a des milliers de personnages sculptés dans le marbre sur les arcades.

Des êtres humains, des bêtes, des oiseaux et à peu près tout ce qui existe y ont été représentés il y a des siècles par des ouvriers extrêmement compétents, et ce travail suscite encore l'admiration et le respect de tous ceux qui s'y rendent pour contempler leur travail. L'intérieur de la cathédrale est différent de ce que j'avais imaginé dans mes lectures. C'est une série de petites chapelles et sanctuaires. Je pense que les œuvres les plus saisissantes et les plus impressionnantes sont les milliers de vitraux colorés. Je n'ai jamais rien vu d'aussi beau et je sais qu'il n'y a aucune autre église comme celle-ci dans le monde. J'aurais aimé que tu sois là avec moi quand je l'ai visitée. C'est une vision splendide quand tu la regardes depuis l'autre côté de la Seine et que tu vois ses flèches et ses tours qui s'élèvent dans le ciel. Quand tu t'en approches, tu commences à apprécier son ancienneté et à penser aux milliers de personnes qui y ont célébré leur culte autrefois. Eh bien, ma chérie, je crois que je me suis lancé dans une sacrée description de la cathédrale Notre-Dame mais je suis bien conscient de ne pas lui avoir fait justice. Je t'enverrai quelques photos et souvenirs, tu pourras ainsi te faire une bien meilleure idée de sa beauté et de son aspect. [...]

Nous avons maintenant une moyenne de 10 à 12 dossiers par jour et, à ce rythme, nous en aurons traité un grand nombre d'ici la fin de notre mission spéciale de 60 jours. Je me sens bien maintenant – je parle de ma bonne condition physique – et je me suis complètement remis de la blessure que j'ai reçue le 9 décembre dans la forêt de Hürtgen. Mon seul souci en ce moment est que je me sens un peu seul, comme toujours, en pensant à la maison, à toi et mon Bobbie chéri, mais tes lettres sont merveilleuses et m'empêchent d'avoir trop le cafard. Les dernières actualités sont bien plus réjouissantes, chérie, et espérons et prions pour que tout soit bientôt derrière nous et que nous puissions à nouveau être ensemble dans la petite maison blanche aux volets verts dont nous rêvons depuis si longtemps. »

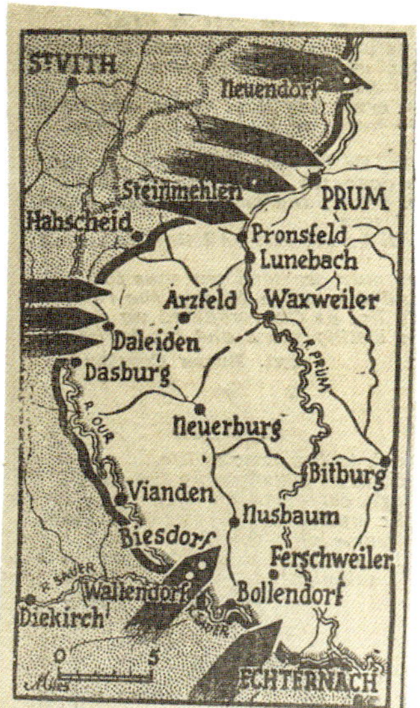

Third Army Forces take Prum and expand bridgeheads at Dasburg, Wallendorf and Echternach.

Les nouvelles du front sont en effet bien plus favorables aux Alliés. L'unité d'Otis a réussi à traverser la rivière Prüm puis la Kyll le 7 mars. Le 29, elle est même passée de l'autre côté du Rhin (cinq jours après *Operation Plunder* qui permit son franchissement), un symbole pour les Alliés et un coup de grâce pour le Reich. Début avril, 370 000 Allemands du *Heeresgruppe B* de Walter Model sont pris au piège dans la poche de la Ruhr, entre Essen, Dortmund et Hamm. Mais il faut encore éliminer de nombreux petits foyers de résistance dans toute l'Allemagne et les pertes alliées s'accumulent, surtout parmi les remplaçants jetés à la hâte dans la bataille pour compléter les rangs.

Quant à la *4th Infantry Division*, elle a capturé Würzburg et s'apprête à envahir la Bavière. Le soldat Carl Holmberg, dans la compagnie F du *8th Regiment*, écrit alors à sa famille : « *Je sais que les nouvelles sont optimistes par chez vous. J'ai vu dans le* Stars and Stripes *les gros titres déclarant que la phase finale avait démarré. J'espère que les Américains ne vont pas arrêter de soutenir l'effort de guerre, parce que chaque kilomètre en avant coûte cher en sueur, en sang et en souffrance américaine. Les gens au pays ne peuvent pas abandonner les combattants, peu importe à quel point les nouvelles sont optimistes !* » Carl sera d'ailleurs lui-même blessé par des éclats d'obus le 17 avril [voir *Till Victory : lettres de soldats alliés,* du même auteur, éditions Ouest-France, 2018].

Otis doit pourtant encore attendre trois semaines de plus avant de pouvoir les rejoindre, sa mission spéciale ayant été prolongée du fait de son excellent travail et du manque de personnel à la cour : « *Peut-être que la guerre avec l'Allemagne sera réglée avant mon retour au front. On ne peut jamais savoir, mais j'espère qu'on approche de la fin. Chaque jour qu'elle dure implique davantage de bons Américains tués et blessés, ce qui bien entendu fait froid dans le dos mais n'en est pas moins vrai.* »

Soldats de la *4th Infantry Division* à Prüm le 1er mars 1945. Malgré les dégâts dans la rue, la basilique au fond de la *Tiergartenstrasse* est toujours debout aujourd'hui !

Alors que la paix semble tout de même imminente, Otis se penche sur la question dans une lettre datée du 9 avril, de retour du cinéma mis en place pour les troupes alliées à Paris : « *Nous venons de voir le film* Wilson *et s'il sort à Rutland, ne le rate pas. S'il est déjà passé et que tu l'as regardé, je suis sûr que tu seras d'accord avec moi pour dire qu'il est excellent. Il retrace la vie du président Woodrow Wilson et ses efforts de longue haleine pour instaurer une paix mondiale pérenne. Bien sûr, comme tu le sais, ses efforts ont été vains, mais je ne pouvais pas m'empêcher de penser à quel point la vie aurait pu être différente pour le monde entier si son plan avait pu être concrétisé avec le soutien de toutes les nations. Il n'y aurait alors jamais eu de Seconde Guerre mondiale, comme nous l'appelons... Pense à quel point cela aurait été merveilleux, et aucune autre guerre non plus ! Tout le problème semble être lié au fait que chaque nouvelle génération doit découvrir par elle-même combien la guerre est terrible, coûteuse et futile, au lieu de profiter des connaissances acquises par celles qui l'ont réalisé à leurs dépens. C'est la deuxième guerre mondiale de mon vivant et je sais que ceux qui ont combattu pendant la première espéraient ne jamais en voir une autre. Je sais aussi que ceux d'entre nous qui combattent dans celle-ci espèrent ne jamais en connaître de nouvelles, mais il se peut qu'il y ait trop de gens de toutes nations qui n'ont pas eu l'expérience du combat, qui ne subissent pas ou ne sont pas témoins des conditions réelles de la guerre et qui, pour cette raison, ne la conçoivent pas dans toute son horreur. Peut-être que ceux qui resteront lorsque ce conflit sera terminé pourront élaborer un plan pour y mettre un terme à jamais.* »

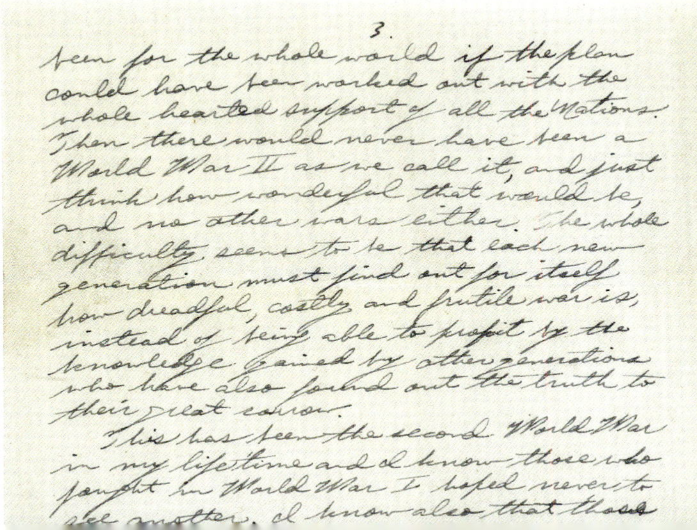
3.

been for the whole world if the plan could have been worked out with the whole hearted support of all the Nations. Then there would never have been a World War II as we call it, and just think how wonderful that would be, and no other wars either. The whole difficulty seems to be that each new generation must find out for itself how dreadful, costly and futile war is, instead of being able to profit by the knowledge gained by other generations who have also found out the truth to their great sorrow.

This has been the second World War in my lifetime and I know those who fought in World War I hoped never to see another. I know also that those

Alexander Knox, interprète de Woodrow Wilson, et l'affiche du film (© 1944 Twentieth Century-Fox Film Corporation).

Trois jours seulement après qu'Otis ait assisté à la projection *Wilson*, les États-Unis d'Amérique perdent soudainement leur président, Franklin Delano Roosevelt, d'une hémorragie intracérébrale. Le 14 avril, Otis écrit : « *Nous sommes samedi et nous bénéficions d'un jour de congé en mémoire du président des États-Unis.* [...] *Une grande tristesse régnait ici à la nouvelle de sa mort, tant parmi les militaires qu'au sein de la population civile. Il a profondément marqué les peuples de toutes les nations et beaucoup de Français nous ont exprimé leur regret qu'il n'ait pas vécu assez longtemps pour voir la fin de la guerre. Ils lui vouaient un profond respect.* [...] *Il fait beau et chaud ici, mais je ne parviens pas à me réjouir de l'arrivée du week-end. Rien ne semble m'amuser ou me divertir, ou en tout cas m'empêcher de penser à la maison et à toi.* »

Ce ne sera pas la seule mauvaise nouvelle du mois, car le 18 avril, le journaliste américain Ernie Pyle, lauréat du prix Pulitzer et ami des *Ivy Men*, est abattu par un sniper ennemi sur l'île japonaise d'Okinawa. Otis écrit le 20 : « *La nouvelle de la mort d'Ernie Pyle dans le Pacifique a suscité la plus grande peine au sein des forces armées et surtout dans l'infanterie. Nous avions à son égard un respect absolu, car il a fait preuve d'un grand courage en nous suivant en première ligne lorsque l'action était la plus intense, et en partageant dans ses récits ce que chaque soldat voyait, entendait et ressentait au combat, mieux que personne d'autre auparavant. Lorsqu'on y réfléchit, nous avons perdu certains de nos meilleurs éléments au cours de l'année, notamment notre commandant en chef, le président Roosevelt* [pour couronner le tout, Otis apprendra la nouvelle de la mort de son meilleur ami aux États-Unis quelques jours plus tard]. *Les civils français ont leurs propres peines et ennuis aussi Judy, car la plupart de leurs maris, frères et fils sont toujours dans des camps de concentration ou des camps de travail en Allemagne. J'ai lu récemment les chiffres dans le* Stars and Stripes *et ils parlent de trois millions de prisonniers de guerre français à renvoyer à Paris dès qu'ils seront libérés par nos forces avancées. J'ai déjà vu certains d'entre eux regagner leur pays dans des camions de l'armée et je peux te garantir qu'ils reçoivent un accueil chaleureux de la part de la foule qui s'est rassemblée pour les saluer.* »

Les soldats français libérés des camps retrouvent leur pays après cinq ans de captivité. Cette gamelle de l'armée française a été personnalisée au Stalag par son propriétaire, Marcel Cordhomme du 239[e] régiment d'infanterie : « M. Cordhomme, [matricule] 3472, fait prisonnier le 16.5.40 à Mon[t]médy, Ardenne[s]. »

Le 25 avril 1945, « jour de l'Elbe », le correspondant de guerre Allan Jackson immortalisa cette poignée de main historique entre des GI de la *69th Infantry Division* (à gauche, patch ci-contre) et des Soviétiques de la *58th Guards Rifle Division* à Torgau.

Heureusement, la fin n'a jamais semblé si proche. En quelques semaines seulement, la *2nd Army* britannique a parcouru 320 kilomètres à travers les villes rasées par les bombes du Nord de l'Allemagne, tandis que les Américains atteignent l'Elbe. L'Armée rouge, qui avait foncé vers l'ouest en écrasant tout sur son passage, y fait sa jonction avec une patrouille de la *69th Infantry Division* américaine à Torgau le 25 avril.

En route, les forces alliées occidentales et les Soviétiques ont constaté avec horreur l'ampleur de l'Holocauste : ils libèrent ainsi des centaines de camps où près de 11 millions de juifs, Roms, civils et prisonniers de guerre soviétiques, handicapés, homosexuels, asociaux et dissidents politiques ou religieux ont été abattus par des pelotons d'exécution, gazés dans des chambres spécialement étudiées pour le meurtre de masse ou condamnés à mourir de faim. Pour le jeune GI qui se demande encore quel était le but de son intervention, la vue effroyable de montagnes de cadavres décharnés donne un nouveau sens aux sacrifices qu'il a endurés. Le régime nazi qui a planifié la Shoah ne durera cependant pas 1 000 ans, comme l'avait prédit son chef Adolf Hitler : le 30 avril 1945, le *Führer* se suicide dans son bunker à Berlin, encerclé par 2,5 millions de soldats soviétiques.

À cet endroit précis, sous ce banal parking berlinois
non loin du Reichtag et du mémorial de la Shoah,
se trouve encore le bunker où Hitler s'est donné la mort.

Pourtant, la guerre n'est pas encore terminée. Partout en Europe, de petites poches de résistance tenues par les troupes les plus fanatiques résistent jusqu'à la dernière cartouche, et la mort continue son œuvre... Un jeune soldat du 8e régiment d'Otis, Archibald Holton Sayce, va perdre la vie quelques heures seulement avant la fin des hostilités.

[Note de l'auteur : j'ai raconté l'histoire d'Archibald dans mon premier ouvrage ***Till Victory : lettres de soldats alliés*** en 2018. Comme ce fut le cas pour Otis, j'avais sauvé ses courriers des enchères et avais ensuite retrouvé sa famille, mais les circonstances exactes de sa mort sont malgré tout restées floues. Toutefois, je suis resté en contact avec Jenise et Brad, le neveu d'Archibald, et leur ai même rendu visite à San Francisco. À ma grande surprise, Jenise m'informa en juin 2022 d'une trouvaille incroyable chez la sœur d'Archibald : une boîte entière d'autres lettres, d'objets personnels restitués et de courriers que le père du soldat avait adressés à ses camarades pour tenter de comprendre ce qui s'était passé. Puisqu'Archibald appartenait au même régiment qu'Otis, et que j'étais encore en plein bouclage du présent livre, j'y ai vu une opportunité de livrer le fin mot de l'histoire, d'autant plus que nous pensions à l'origine qu'Archibald avait participé au *D-Day*, alors qu'il est en réalité arrivé en tant que remplaçant à l'été 1944. Cela lui faisait un autre point commun avec Otis, en plus de partager le rôle d'agent de liaison dans la *4th Infantry Division*.]

Archibald avait 20 ans. Sportif et cultivé, il était très populaire et destiné à un avenir prometteur, mais au même titre que des millions d'autres jeunes hommes, la guerre mettra un terme à ses rêves et brisera ses opportunités. Alors que celle-ci vient de prendre fin en Europe, ses parents reçoivent le courrier suivant : « *Dans un hôpital militaire, quelque part en Allemagne, le 1er mai 1945. Chers maman et papa, je suppose que vous avez déjà reçu le télégramme du ministère de la Guerre annonçant que j'étais blessé. J'ai été touché le 22 avril à la cuisse. Ne vous inquiétez donc pas outre mesure, car je m'en sors de façon tout à fait satisfaisante.*

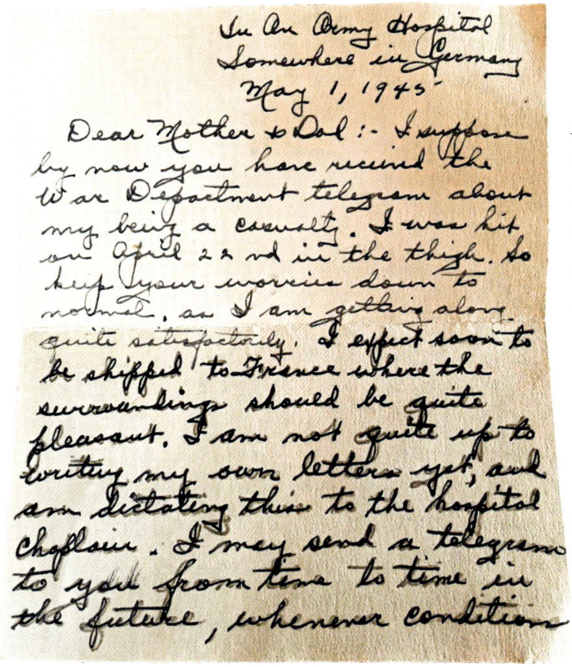
In An Army Hospital
Somewhere in Germany
May 1, 1945

Dear Mother & Dad:- I suppose by now you have received the War Department telegram about my being a casualty. I was hit on April 22nd in the thigh. So keep your worries down to normal, as I am getting along quite satisfactorily. I expect soon to be shipped to France where the surroundings should be quite pleasant. I am not quite up to writing my own letters yet, and am dictating this to the hospital Chaplain. I may send a telegram to you from time to time in the future, whenever condition

Je m'attends à être bientôt expédié en France où l'environnement devrait être assez agréable. Je ne suis pas encore capable d'écrire mes propres lettres, et je dicte ceci à l'aumônier de l'hôpital. Il se peut que je vous envoie un télégramme de temps en temps à l'avenir, lorsque les conditions le permettront. Vous avez toujours pensé que ce serait formidable si j'étais écarté du combat pendant un certain temps – et c'est maintenant le cas. Ne vous inquiétez donc pas pour la suite. Mes lettres seront peut-être peu nombreuses et espacées, mais je vous en enverrai une aussi souvent que possible. Je vous aime toujours autant, Holt. »

Ce sera la dernière lettre écrite par Archibald, car il mourra le 4 mai 1945. Comble de l'ironie, c'est la date exacte à laquelle les troupes allemandes de Bavière, où il combattait, se sont rendues. Ce même jour, un télégramme fut envoyé en son nom, à 10 h 48 : « *Blessé à la cuisse le 22 avril. À l'hôpital. Bons soins. Bon état. Ne vous inquiétez pas. Tout mon amour à tous. A. Holton Sayce.* » Pour ses parents en deuil, ces informations sont troublantes… Pourquoi est-il mort si soudainement, d'une simple blessure à la cuisse, alors que tout semblait aller pour le mieux ? La lettre de Charles Robinson, aumônier du *1st General Hospital* américain (dans la banlieue sud de Paris, près de l'aérodrome d'Orly), ne les aidera pas beaucoup, bien au contraire : « *Bien qu'il ait été blessé, les causes immédiates de sa mort étaient une pleurésie, une péritonite et un abcès sous-phrénique.* » Les parents d'Archibald entreprirent alors d'écrire à ses officiers et camarades d'unité pour connaître les véritables raisons de la mort de leur fils (en photo ci-contre, lors de son engagement).

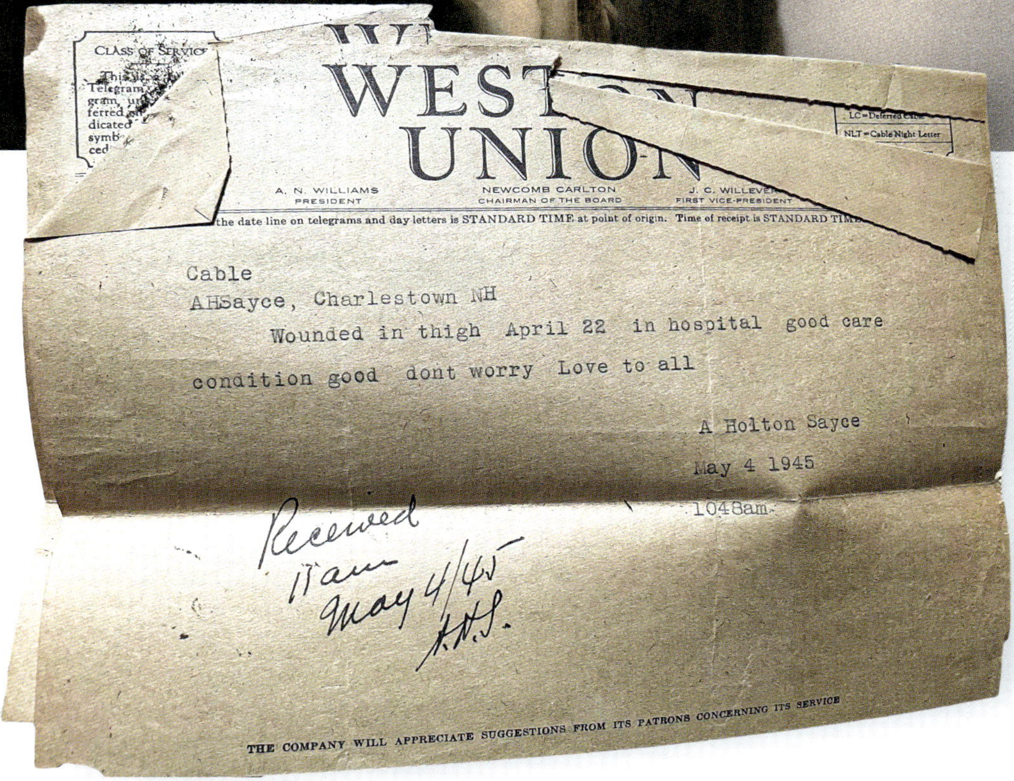

CLASS OF SERVICE

WESTERN UNION

A. N. WILLIAMS, PRESIDENT — NEWCOMB CARLTON, CHAIRMAN OF THE BOARD — J. C. WILLEVER, FIRST VICE-PRESIDENT

LC = Deferred Cable

NLT = Cable Night Letter

The date line on telegrams and day letters is STANDARD TIME at point of origin. Time of receipt is STANDARD TIME

Cable

AHSayce, Charlestown NH

Wounded in thigh April 22 in hospital good care condition good dont worry Love to all

A Holton Sayce

May 4 1945

1048am

Received 11am May 4/45 A.H.S.

THE COMPANY WILL APPRECIATE SUGGESTIONS FROM ITS PATRONS CONCERNING ITS SERVICE

Son ami Charles Kassewitz, du New Jersey, fut le premier à leur répondre, en leur livrant les noms et adresses de camarades de combat. Il avait passé la plupart de son temps au front avec Archibald : « *Mon premier contact avec Sayce s'est fait au Camp Patrick Henry, en Virginie. Nous devions tous deux le quitter pour des terres lointaines. Mais grâce à la chance d'avoir été déclarés excédentaires, nous avons été dirigés vers Camp Kilmer, dans mon État natal du Jersey. À Camp Kilmer, nous étions tous les deux dans le même baraquement. Nous avions l'habitude de parler de tennis, car c'est mon sport préféré. Sayce allait à New York en permission et je rentrais chez moi. Nous avons embarqué sur le* Queen Mary *le 6 juin 1944 (Jour J) et avons passé les huit jours suivants sur ce navire titanesque. Le voyage s'est déroulé sans incident. Sayce et moi partagions la même cabine. Nous sommes arrivés en Écosse le 15 juin, où nous avons pris le train pour Bath, en Angleterre. Là, nous avons passé notre temps dans un camp de remplaçants. Nous y étions occupés, entre autres, à percevoir notre équipement de combat et à régler nos fusils. Sayce n'avait pas la meilleure vue, mais il était bon tireur et toujours en mesure de répondre à nos questions sur l'Europe, car il y avait déjà voyagé.*

Le 1er juillet, nous sommes partis pour la France. À Southampton où nous avons embarqué sur un bateau français pour la traversée de la Manche. Nous avons débarqué à Utah Beach le lendemain matin. La tête de pont n'était large que de 50 kilomètres à l'époque, alors nous devions être sur le qui-vive. Le premier endroit que nous avons visité en France était un dépôt de remplaçants. Nous y avons passé la nuit et le matin, vers midi, un convoi de camions de la quatrième division est venu nous chercher. Sayce et moi étions fous de joie de constater que nous étions toujours ensemble. On nous a assigné à la meilleure unité de la division, dans la compagnie L. Nous avons passé la nuit derrière les lignes, car nous devions rejoindre nos unités au matin. Toute la nuit, nous entendions le grondement de l'artillerie, un bruit auquel nous allions devenir très habitués. Sayce a d'abord été affecté à une section de fusiliers et moi à une section d'armes lourdes. Avant Saint-Lô (grand bombardement aérien où le [général] *McNair et plusieurs de nos gars ont été tués lorsque les avions* [alliés] *ont bombardé nos lignes), Sayce a été transféré dans ma section d'armes lourdes. J'ai été blessé le 26 juillet et j'ai quitté l'unité. J'avais passé la nuit dans une tranchée avec votre fils, il était en bonne santé et plein de combativité à ce moment-là. J'ai rejoint la compagnie en septembre sur la fameuse ligne Siegfried, et bien sûr, votre fils était là.* [...] *Nous avons combattu ensemble dans la forêt de Monchau, et plus tard, dans la forêt de Hürtgen. C'est là que j'ai été blessé et que j'ai vu votre fils pour la dernière fois. Connaître votre fils a été la plus belle chose qui me soit arrivée. C'était un grand soldat et surtout un super copain.* »

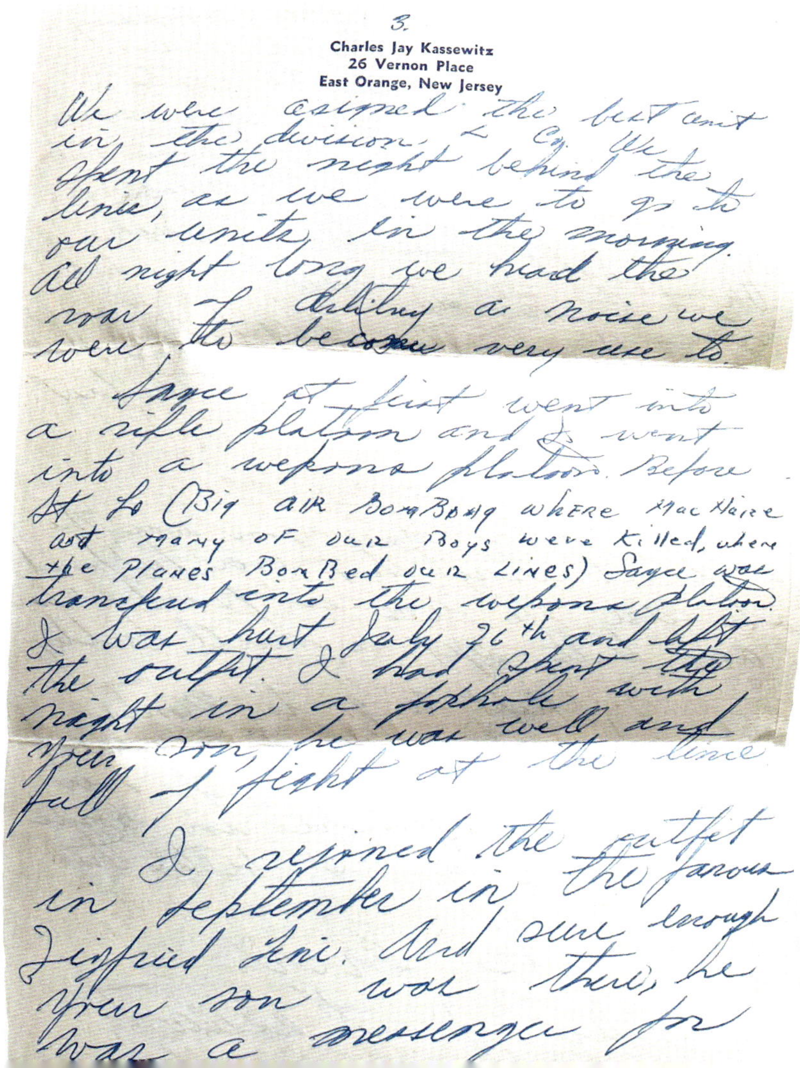
3.

Charles Jay Kassewitz
26 Vernon Place
East Orange, New Jersey

We were asigned the best unit in the division L Co. We spent the night behind the lines, as we were to go to our units in the morning. All night long we had the roar of artilery a noise we were to become very use to.

Sayce at first went into a rifle platoon and I went into a wepons platoon. Before St Lo (BIG AIR BOMBING WHERE MAC NAIRE AND MANY OF OUR BOYS WERE KILLED, when THE PLANES BOMBED OUR LINES) Sayce was transferd into the wepons platoon. I was hurt July 26th and left the outfit. I had spent the night in a foxhole with your son, he was well and full of fight at the time.

I rejoined the outfit in September in the famous Siegfried Line. And sure enough your son was there, he was a messenger for

Robert Curry, aumônier au QG du *8th Regiment*, a été le premier à divulguer des informations sur les derniers instants d'Archibald, indiquant qu'il avait été touché dans le dos par des tirs d'armes légères ennemies, mais des détails supplémentaires furent fournis par le *1st Lieutenant* Floyd Ware du 8e régiment d'infanterie. L'ancien commandant de la compagnie d'Archibald répondit à ses parents depuis l'Allemagne le 2 juin 1945 : « *J'ai bien connu votre fils, et je dirai qu'il était l'un des meilleurs soldats de la compagnie. Il a été blessé dans la ville d'Eggenrot, en Allemagne, vers 15 heures le 22 avril. C'était un petit village très difficile à prendre, et nous avons utilisé trois de nos chasseurs de chars* [des blindés conçus spécifiquement pour affronter d'autres tanks] *pour nous accompagner, mais les Boches nous ont repoussés par deux fois. Au troisième essai, nous avons réussi à atteindre la première maison. La situation fut vite intenable, si bien que nous avons dû reculer à nouveau, mais pendant que nous étions dans cette maison je tentais de ramener la compagnie de mon côté de la rue. Sayce et un autre homme ont couru à travers un terrain découvert et sont tous deux tombés. Trente minutes plus tard, j'ai fait évacuer tous les blessés sur l'un des chasseurs de chars vers le poste de secours du bataillon. À ce moment-là, Sayce a dit qu'il pouvait grimper seul sur le véhicule, et qu'il se sentait bien. Je suis désolé de ne pas pouvoir vous donner les noms et le nombre d'hommes qui ont été blessés. Il semble que le destin joue de drôles de tours, car nous savions tous alors que la guerre ne pouvait pas durer beaucoup plus longtemps.* »

Enfin, un dernier soldat témoigna en novembre 1945 : « *J'étais un membre originel de la compagnie et l'un des très rares chanceux à m'en sortir sans une égratignure* [...]. *Votre fils était messager pour le 4e peloton et j'étais messager pour la compagnie.* [...] *Je n'étais pas avec lui au moment où il a été touché, mais je l'ai vu peu après. Il était capable de marcher à ce moment-là et je ne considérais pas sa blessure comme très grave. Cependant, lorsqu'il a quitté l'hôpital et qu'il a été évacué vers l'arrière, je crois qu'ils l'ont mis dans une civière. Votre fils a été blessé au niveau de l'estomac et la dernière fois que je l'ai vu, il ne semblait pas être dans un état grave.* »

À mesure que les témoins se multiplient, les contradictions ajoutent à la confusion. A-t-il été touché au dos, à l'estomac ou à la cuisse ? Pourquoi cette mort soudaine d'une péritonite ? Une chose est certaine, le dossier d'admission à l'hôpital d'Archibald, aujourd'hui déclassifié, indique que la balle qu'il a reçue a touché le gros intestin. En revanche, il n'est fait mention nulle part d'une blessure à la cuisse... Archibald aurait-il déformé la réalité afin de ne pas inquiéter ses parents ? [Note de l'auteur : j'ai demandé une expertise à mon ami Alexandre Gros, médecin de son état. Selon lui, « *Archibald est certainement décédé d'un choc septique, c'est-à-dire un choc infectieux. Il a probablement développé son abcès suite à la balle, logée sous le diaphragme, ce qui est fréquent mais non mortel. La pleurésie, ou épanchement pleural, s'est créé au contact de l'abcès, mais il n'est pas mort de ça non plus. L'abcès a dû se libérer dans l'abdomen et entraîner une péritonite, soit une infection généralisée de l'abdomen... et là, sans chirurgie et sans antibiotique, on en meurt en 24 à 48 heures.* »]

Quelle que soit la raison exacte de son décès, Archibald est l'un des 4 907 tués de la *4th Infantry Division*. Ses parents recevront sa médaille *Purple Heart*, accompagnée d'une lettre du secrétaire de la Guerre à Washington: « *Mon cher M. Sayce, à la demande du président, je vous écris pour vous informer que la* Purple Heart *a été décernée à titre posthume à votre fils, le soldat de première classe Archibald H. Sayce, Infanterie, qui a sacrifié sa vie pour défendre son pays. Rien que nous puissions faire ou dire ne vous consolera de la mort de votre proche. Nous apprécions profondément la grandeur de votre perte, car réellement, la perte subie par n'importe lequel d'entre nous dans cette bataille pour notre pays est une perte partagée par tous. Lorsque la médaille, que vous recevrez sous peu, vous parviendra, je veux que vous sachiez qu'elle est accompagnée de ma plus sincère sympathie et de l'espoir que le temps et la victoire de notre cause allégeront enfin le fardeau de votre chagrin. Sincèrement vôtre.* »

Quelques mois plus tôt, juste avant d'entrer dans l'enfer de la forêt de Hürtgen, Archibald réalisait qu'il avait occulté son propre anniversaire, sous le choc de la violence des combats. Il écrivait à ses parents : « *J'avais complètement oublié mon anniversaire jusqu'à ce que je reçoive la carte de Papa. Ça me donne des frissons de me dire que je vais entrer dans ma vingtième année alors que j'ai accompli si peu de choses. J'ai l'impression d'avoir reçu toute ma vie, mais que je n'ai toujours rien donné. Mais bon, peut-être que je pourrai réaliser certaines ambitions un jour.* » [*Till Victory : lettres de soldats alliés*, éditions Ouest-France, 2018]

Il fut enterré le 7 mai, le jour de la capitulation allemande en Europe, dans le cimetière militaire américain n°1 de Solers (au sud-est de Paris, désormais un cimetière militaire allemand). À la demande de sa famille, l'armée a rapatrié son corps aux États-Unis le 19 octobre 1948. Archibald repose aujourd'hui dans la parcelle familiale du cimetière de Forest Hill, à Charlestown dans le New Hampshire.

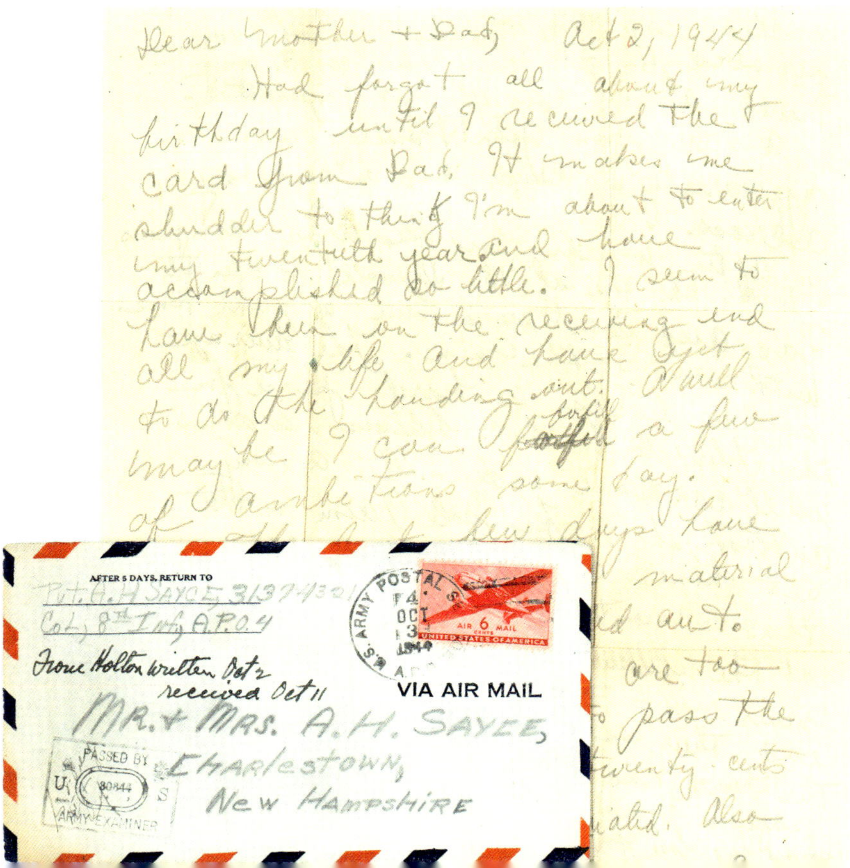

VICTORY

Chaque jour apporte son lot d'informations de bon augure sur la chute du Troisième Reich. Les forces allemandes en Italie déposent les armes le 2 mai, quatre jours après l'exécution du dictateur et allié d'Hitler, Benito Mussolini, par des partisans italiens. Le même jour, la bataille de Berlin se conclut par la reddition de sa garnison à l'Armée rouge. Le 4 mai, les forces allemandes du Nord-Ouest de l'Allemagne, du Danemark et des Pays-Bas abandonnent également le combat. Enfin, à 2 h 41 au matin du 7 mai, le général allemand Alfred Jodl signe la capitulation sans condition de toutes les forces armées allemandes aux Alliés occidentaux, dans le quartier général suprême de la force expéditionnaire alliée (SHAEF) à Reims. Le lendemain à Berlin, le maréchal Wilhelm Keitel signe une seconde reddition inconditionnelle, cette fois à toutes les forces alliées et en présence du maréchal soviétique Georgi Joukov et de représentants du SHAEF. Puisque la fin des opérations a été officiellement fixée au 8 mai à 23 heures, l'Europe occidentale célèbre déjà le *V-E Day* (Jour de la Victoire en Europe), tandis que l'Union soviétique le fêtera le 9, la fin des hostilités étant effective après minuit, heure de Moscou.

Otis écrit : « *Paris, France, 8 mai 1945. Très chère Judy, il y a eu tellement de rumeurs qui ont circulé dernièrement sur la paix avec l'Allemagne que j'ai maintenant beaucoup de mal à y croire, même si cette fois je sais que c'est vrai. Il y a des foules de milliers de personnes qui défilent dans les rues, qui chantent, des orchestres qui jouent et tout le bazar, mais bizarrement je ne suis pas d'humeur à me joindre à la fête. C'est simplement que ça ne m'amuse pas plus que ça. Je crois que je me souviens trop bien des hommes de ma compagnie, et aussi de mon frère, qui ne pourront jamais célébrer cette victoire qui est enfin arrivée. Bien sûr, je suis très heureux que la guerre avec l'Allemagne soit derrière nous, mais je ne suis pas d'humeur à faire la fête.*

Paris est vraiment une belle ville ce soir avec les fontaines allumées, les bâtiments et monuments les plus importants illuminés, les drapeaux qui flottent et la fête qui bat son plein, j'aurais souhaité que nous puissions être ensemble en cette occasion. Si seulement ce souhait pouvait se réaliser, alors peut-être serais-je dans un état d'esprit approprié pour me joindre à cette joyeuse foule en liesse. Cependant, les choses étant ce qu'elles sont, j'ai envie d'attendre mon retour à la maison pour faire la fête avec toi. »

Le *V-mail* d'Otis, daté du 8 mai 1945.

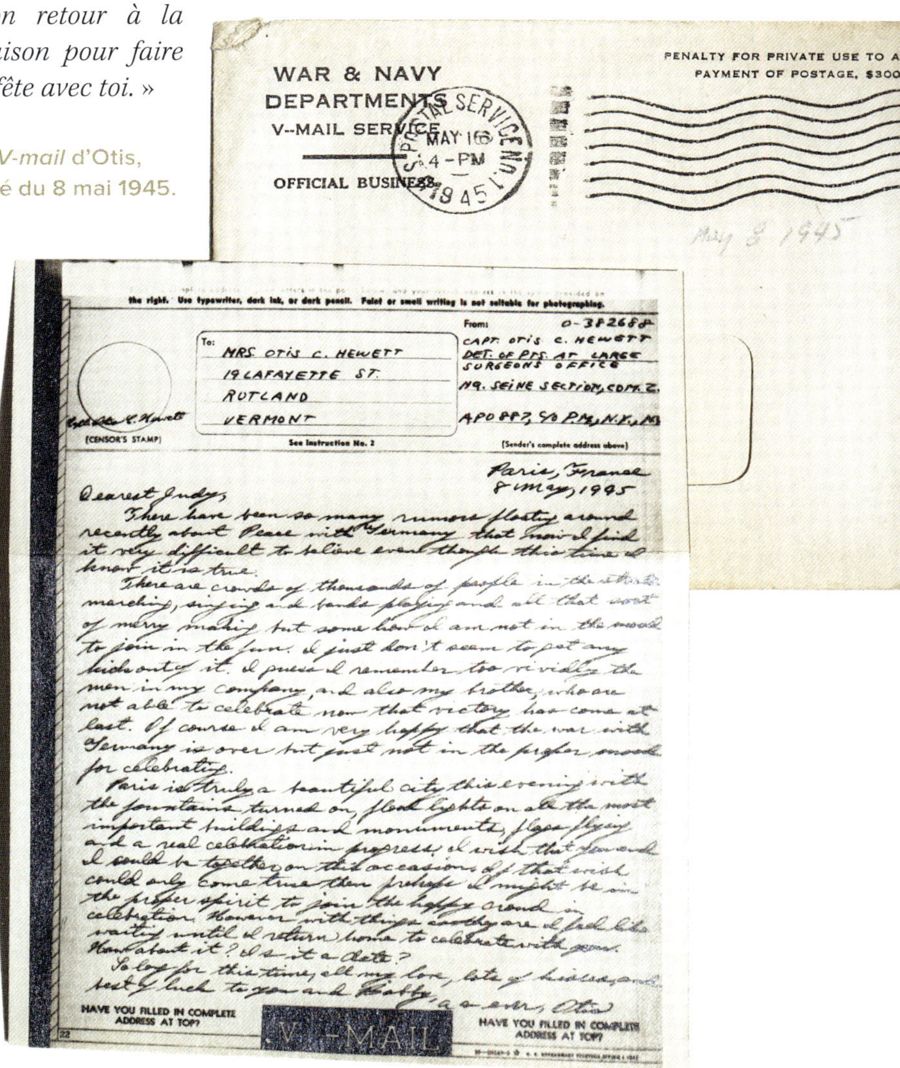
WAR & NAVY DEPARTMENTS
V--MAIL SERVICE
OFFICIAL BUSINESS

PENALTY FOR PRIVATE USE TO A[VOID]
PAYMENT OF POSTAGE, $300

U.S. POSTAL SERVICE N.Y.
MAY 16
4-PM
1945

May 8 1945

the right. Use typewriter, dark ink, or dark pencil. Faint or small writing is not suitable for photographing.

To: MRS. OTIS C. HEWETT
19 LAFAYETTE ST.
RUTLAND
VERMONT

From: 0-382688
CAPT. OTIS C. HEWETT
DET. OF PTS. AT LARGE
SURGEONS OFFICE
HQ. SEINE SECTION, COM. Z.
APO 887, % P.M., N.Y., N.Y.

(CENSOR'S STAMP) See Instruction No. 2 (Sender's complete address above)

Paris, France
8 May, 1945

Dearest Judy,

There have been so many rumors floating around recently about Peace with Germany that now I find it very difficult to believe even though this time I know it is true.

There are crowds of thousands of people in the streets marching, singing and bands playing and all that sort of merry making but some how I am not in the mood to join in the fun. I just don't seem to get any kick out of it. I guess I remember too vividly the men in my company, and also my brother, who are not able to celebrate now that victory has come at last. Of course I am very happy that the war with Germany is over but just not in the proper mood for celebrating.

Paris is truly a beautiful city this evening with the fountains turned on, flood lights on all the most important buildings and monuments, flags flying and a real celebration in progress. I wish that you and I could be together on this occasion. If that wish could only come true then perhaps I might be in the proper spirit to join the happy crowd in celebration. However with things as they are I feel like waiting until I return home to celebrate with you. How about it? Is it a date?

So long for this time, all my love, lots of kisses and best of luck to you and Kathy,

as ever, Otis

HAVE YOU FILLED IN COMPLETE ADDRESS AT TOP?
V--MAIL
HAVE YOU FILLED IN COMPLETE ADDRESS AT TOP?

Les festivités dans les rues parisiennes dureront plusieurs jours, mais les sentiments d'Otis sont partagés par un grand nombre de militaires qui ont tant souffert au combat, et qui se contenteraient bien de rentrer chez eux, bien qu'au fond, ils savent qu'ils risquent fort d'être envoyés dans le Pacifique pour poursuivre la lutte contre les Japonais. Otis écrit le 10 : « *Ces deux derniers jours, en raison des célébrations du* V-E Day, *la cour martiale spéciale dont je suis le président ne s'est pas réunie. Je n'étais pas disposé à me joindre à la fête et je n'ai donc pas fait grand-chose, à part laver un peu de chaussettes, de foulards et de sous-vêtements et préparer mes bagages en vue de mon examen à l'hôpital et ma nouvelle affectation. Depuis mon arrivée à Paris, j'ai eu l'occasion de conserver quelques-unes de tes lettres, pour la première fois depuis que j'ai quitté la maison* [les GI sur le terrain sont obligés de détruire leurs lettres personnelles, car au-delà de l'encombrement, elles pourraient servir de renseignements à l'ennemi en cas de capture]. *Je viens de terminer la lecture de celle que tu as écrite après avoir appris que j'avais été blessé. Tu disais que ma mère t'avait appelé pour t'en parler et qu'elle avait dû recevoir sa lettre en premier. Cela me semble très curieux car je me souviens très bien t'avoir écrit au moins six ou huit lettres différentes et les avoir postées chaque jour pour que tu en sois la première informée, avant même de recevoir le télégramme du* War Department. *Je n'ai pas écrit à ma mère avant d'arriver à l'hôpital en Angleterre. Je ne comprends pas comment ça s'est passé, mais le courrier nous a parfois joué des tours bizarres ici. J'ai lu dans le* Stars and Stripes *aujourd'hui que les restrictions en matière de censure ont été modifiées depuis le Jour de la Victoire, alors je peux peut-être mentionner le fait que j'ai récemment vu deux officiers de la compagnie de fusiliers (Co E) que je commandais à l'époque où j'ai été blessé, ici à Paris récemment.*

Le premier que j'ai vu était un garçon nommé Brummerstedt et il est maintenant 2nd Lieutenant. *Quand j'ai quitté la compagnie E, il était encore sergent mais sa recommandation pour une commission avait été envoyée. Il n'est plus dans l'infanterie, mais il est maintenant affecté à un bataillon de la police militaire.*

Tu comprends, il a été blessé quatre fois au combat et il a la Purple Heart *avec trois feuilles* [un petit insigne de bronze en forme de feuille de chêne, ajouté au ruban d'une médaille quand le soldat a reçu cette médaille plus d'une fois. Chaque feuille de bronze équivaut à une distinction, tandis qu'une feuille d'argent en vaut cinq]. *Ils lui ont dit qu'il avait eu sa dose d'infanterie et qu'ils ne voulaient plus voir de feuilles sur sa* Purple Heart, *alors ils l'ont assigné aux MPs [Military Police]. C'était un bon meneur au combat et l'infanterie a perdu un excellent élément à son départ. Cependant, je sais que les MPs ont gagné un homme de valeur car je sais qu'il fera un excellent boulot où qu'il soit affecté. Le deuxième officier de la compagnie E que j'ai rencontré était un* 1st Lieutenant *nommé Husted. C'était un bon officier lui aussi et il a pris la relève de la compagnie quand j'ai été évacué, mais il a été touché deux fois après mon départ : une première fois en janvier, puis quand il est revenu dans l'unité après son hospitalisation le 2 mars, il a été blessé à nouveau le lendemain (le 3 mars) et il est maintenant dans un hôpital ici à Paris.*

Le lieutenant Brummerstedt m'a dit qu'il n'y a plus un seul officier ou sous-officier que je connais dans la compagnie, car ils ont tous été touchés. J'ai demandé ce qui était arrivé à mon messager de compagnie, à mes deux opérateurs radio, au sergent-chef et au sergent des communications, et il m'a dit qu'ils avaient tous été blessés, la plupart d'entre eux lorsqu'ils chevauchaient nos chars, au même moment que le lieutenant Husted lors d'une attaque après la percée des Ardennes au Luxembourg. Tous ceux qui ont servi du Jour J, 6 juin 1944, jusqu'à la forêt de Hürtgen où j'ai été blessé, sont unanimes pour dire que la forêt de Hürtgen était la pire bataille de toutes. Mais pour en avoir parlé avec le lieutenant Brummerstedt, je commence à croire que c'était aussi plutôt chaud au Luxembourg après mon départ. Je t'ai gardé quelques magazines Life *qui racontent le rôle qu'ont joué deux des régiments de la* 4th Division *dans les Ardennes allemandes et après les avoir lus, tu auras peut-être une idée de l'enfer que c'était. Personne ne pourrait jamais savoir ce que ça fait, à moins d'y être plongé pour le voir, l'entendre, le ressentir et le sentir, mais je pense que c'est mieux ainsi.* [...]

Ce magazine *Life* du 29 janvier 1945 figure certainement parmi ceux envoyés par Otis : en plus de raconter la « bataille dans la neige », il retrace le parcours d'un GI blessé, George Lott, et la vie à l'hôpital que notre officier connaît bien.

Peut-être qu'après les avoir lus, tu comprendras mieux pourquoi je dis qu'en cinq mois et demi de combat, j'ai eu ma part, et que s'ils me renvoient chez moi demain, je suis prêt à partir et je me considérerais chanceux. Mais si on me renvoie au combat, je pense que je peux encore l'encaisser. Une chose dont tu peux être sûre Judy, c'est que je suis soulagé qu'on ait réglé son compte à l'Allemagne. Si je peux rejoindre la 4th Division *maintenant, j'ai de bonnes chances d'obtenir une permission aux États-Unis et, ma chérie, je donnerais tout ce que je possède pour passer quelques semaines, quelques jours ou même quelques heures avec toi. Cela devient une obsession pour moi, de sorte que tout ce à quoi je pense ou rêve, c'est la maison, et toi ma chérie. Je sais qu'il en sera toujours ainsi Judy, parce que je t'aime tellement. Je crains que si jamais je rentrais à la maison et que je devais te quitter à nouveau, ça me tuerait. Quand je t'ai laissée il y a plus d'un an, je ne me doutais pas que ça allait être si dur. Maintenant je sais que 377 jours d'amour loin de toi, sans parler des 377 nuits où nous avons été séparés, sont interminables. Si tu as lu jusqu'ici, ma chérie, tu dois avoir réalisé que je me sens très seul ce soir. C'est toujours comme ça Judy, seulement cette fois j'ai laissé mes pensées s'échapper et j'ai commencé à les retranscrire dans cette lettre, alors j'imagine qu'il serait préférable que je la détruise car cela pourrait te faire du mal de la lire. Néanmoins, je préfère que tu saches à quel point tu me manques, alors je vais la mettre dans une enveloppe et l'envoyer tout de suite. À l'avenir, j'essaierai d'être plus jovial, au moins quand je donne des nouvelles à ma chère femme, mais je ne recommencerai réellement à vivre que lorsque je serai à la maison avec toi et Bobby.* »

Tout semble finalement s'arranger à la mi-mai, quand Otis reçoit de nombreuses lettres et paquets, y compris ses cadeaux de Noël. Pour couronner le tout, il est enfin libéré de sa mission spéciale et écrit : « *Je me suis présenté à la section orthopédique ici à l'hôpital avec les radiographies prises précédemment à l'hôpital en Angleterre et celles prises ici hier lors d'un contrôle avec le médecin. Il m'a dit que j'étais maintenant en excellente condition physique et a tamponné mon dossier "Rétablissement complet", donc tu peux être rassurée quant au fait que je vais de nouveau bien. Demain, je me présenterai à la personne en charge des réaffectations et j'espère partir d'ici un jour ou deux.* [...] *Je sais que je ne resterai pas dans un dépôt de remplaçants plus de quelques jours. Je n'ai pas reçu de courrier de mes gars depuis un certain temps déjà et je ne sais pas où ils se trouvent pour le moment. Je me demande souvent combien d'officiers et d'hommes que je connaissais auparavant seront là à mon retour. Je sais ce qui est arrivé à certains d'entre eux et il se peut que je me retrouve presque parmi des étrangers étant donné que cela fait cinq mois que je les ai quittés au moment où j'ai été blessé.* [...] *Beaucoup d'hommes et d'officiers ici sont en partance pour la ZI. Cela signifie être envoyé dans la Zone de l'Intérieur ou en d'autres termes aux bons vieux États-Unis, et pas dans l'armée américaine si tu vois ce que je veux dire. Pour être tout à fait franc Judy, je ne peux pas m'empêcher de les envier, même si je sais que certains d'entre eux sont dans un état physique ou mental assez mauvais. J'ai souvent vu au front des hommes qui auraient volontiers accepté de perdre un pied ou une jambe si cela leur garantissait un ticket retour pour leur lointain foyer. Mais ma chérie, je ne suis pas de ceux-là, et je pense savoir pourquoi. Certains appellent ça de la chance, mais je crois que bien souvent, c'est juste que certains sont plus résistants physiquement et mentalement. Bien sûr, quand ils sont blessés, une constitution robuste ne change pas grand-chose, à part la vitesse avec laquelle ils se rétablissent. Je faisais surtout allusion à ceux qui craquent sous la pression physique et mentale de la guerre sans même prendre une balle. Je suppose que je devrais remercier Dieu d'être en un seul morceau et d'être en bon état physique et psychologique, mais comme je te l'ai si souvent dit, je donnerais tout au monde pour être de retour à la maison avec toi, ma chérie.* [...]

Ces badges édités aux États-Unis pour célébrer le retour à la maison des hommes et femmes qui ont combattu sur les différents théâtres d'opérations sont portés fièrement à travers tout le pays dans les nombreuses parades organisées.

Le lieutenant Lewis vient de rentrer du centre-ville et m'a apporté un Air-mail *écrit le 8 mai et deux* V-mails *envoyés le 9 mai par la femme la plus merveilleuse du monde. Le courrier aérien contenait une traduction d'une lettre de la famille Levallois de Sainte-Mère-Église en Normandie. C'était vraiment gentil de leur part de t'écrire, mais tu ne serais pas étonnée si tu les connaissais personnellement. Je t'avais déjà parlé des merveilleux dîners auxquels ils nous ont conviés, le lieutenant Fox et moi, en juillet 1944, juste avant que je quitte le dépôt de remplaçants pour rejoindre la* 4th Infantry Division. *Ils se sont trompés sur la date de septembre car j'ai rejoint le* 8th Infantry Regiment *au combat le 4 août, je suis certain de la date et ne suis pas près de l'oublier.* [...] *Je me suis souvent demandé ce qu'était devenu le lieutenant Fox après que nous ayons quitté le dépôt à Sainte-Mère-Église, parce que je ne l'ai jamais revu ni ai entendu parler de lui. Il habitait dans le New Jersey et il était aussi profondément amoureux de sa femme que je le suis de toi, chérie, et il n'a jamais cessé de parler d'elle et d'à quel point elle était merveilleuse. Nous étions très semblables à cet égard et j'espère qu'il s'en est sorti. Je ne connais pas son adresse, donc je ne saurai probablement jamais s'il a survécu, à moins que je ne le rencontre par hasard un jour. C'est ainsi avec beaucoup de bons officiers que j'ai connus. Bizarrement, nous échangeons rarement nos adresses et je me suis souvent demandé pourquoi. En fait, je crois que j'en connais la raison, mais il vaut mieux que je ne te la donne pas.* [...] *Hier, j'ai reçu une lettre que j'avais écrite à mon frère le 9 janvier, quand j'étais à l'hôpital en Angleterre. Elle m'a été retournée avec la mention "KIA" et signée par un officier. Je suppose que tu sais que "KIA" signifie* killed in action [« tué au combat »] *et comme elle a été signée par l'officier du personnel de son organisation, il n'y a plus aucun doute dans mon esprit à ce sujet. J'avais espéré que ce soit juste une erreur, mais c'est une indication plutôt claire que l'information précédente concernant sa mort était correcte.* [...]

Ton colis de Noël est arrivé en très bon état bien qu'il ait été renvoyé par mon unité en Allemagne le 25 janvier vers l'hôpital en Angleterre, puis au centre de rééducation, puis encore à Paris où je l'ai finalement reçu. Tu as été très prévenante, Judy, en m'envoyant tous ces cadeaux et je les apprécie plus que tu ne le sauras jamais. Ils sont tous en excellent état grâce à ton emballage soigné. Merci encore Judy d'être une épouse si merveilleuse. »

Otis rejoint enfin la *HQ Company* de son *8th Infantry Regiment* en Allemagne, dans les premiers jours de juin. Dans l'historique du régiment (d'où est tirée la photographie ci-contre), il apparaît comme officier du mess régimentaire dans la *Service Company*, sa nouvelle affectation : remarquez à quel point il semble amaigri et fatigué par rapport à la photographie des premiers jours de la guerre publiée au début de ce livre... Depuis le 6 juin 1944, les *Ivy Men* ont subi au total 34 309 pertes et ont reçu 5 *Medals of Honor*, 77 *Distinguished Service Crosses*, 1 200 *Silver Stars* et 6 553 *Bronze Stars*. L'unité d'Otis est désormais stationnée à Bamberg, dans le Nord de la Bavière, à 50 kilomètres au nord de Nuremberg : « *Allemagne, 13 juin 1945. Chère Judy, je t'écris cette lettre ce soir assis au coin du feu devant ma tente, à 22 h 15. La plupart des autres officiers de la compagnie sont allés voir un film projeté dans un champ de l'autre côté de la route. Abbott et Costello jouent dedans et je n'ai jamais été très fan d'eux. De plus, vu que je n'ai pas écrit à ma chérie aujourd'hui, j'ai décidé de le faire ce soir. Les choses n'ont pas beaucoup bougé ici et nous sommes bien occupés avec notre entraînement et un tas de paperasse à gérer. Le temps a été un peu plus agréable aujourd'hui, mais pas très chaud bien qu'il n'ait pas plu. Il se peut qu'il fasse chaud demain et j'espère que ce sera le cas. Un peu de chaleur et de soleil nous feraient du bien à tous et ça rendrait aussi les choses un peu plus joyeuses dans la zone de bivouac.* [...] *En tout cas il fait bon et chaud ici, assis au coin du feu, et la lumière n'est pas trop mauvaise. Je m'arrête d'écrire de temps en temps pour regarder dans le lit de charbons ardents et penser à la maison et à toi ma chérie.*

Vareuse d'officier en gabardine de laine datée de février 1944, semblable à celle qu'Otis portera à son retour aux États-Unis. On distingue le patch de la *4th Infantry Division*, deux insignes de grade de *1st Lieutenant* aux épaules, et les insignes d'officier d'infanterie (fusils croisés) et monogramme U.S. sur le col. Trois barrettes de rubans sont portées sur le cœur, correspondant au médailles suivantes : *European-African-Middle Eastern campaign*, *World War II Victory*, et *Army of Occupation Medal*. La barrette pour la campagne d'Europe à gauche porte quatre étoiles de batailles (*Normandy*, *Northern France*, *Rhineland*, *Ardennes-Alsace* et *Central Europe*) plus une pointe de flèche (*Arrowhead*) pour l'assaut amphibie du Jour J. Deux badges bleus supplémentaires sont ici portés : le *Combat Infantryman Badge* (côté gauche) accordé aux hommes dont la conduite au combat est exemplaire, et la *Distinguished Unit Citation* (côté droit, avec feuille de chêne pour une seconde citation) qui récompense l'unité pour comportement exceptionnel au combat. Cet ensemble aurait donc appartenu à un membre du 3e bataillon du *22nd Regiment*, le seul à avoir eu la feuille de chêne. Sur ses manches, à gauche, trois *overseas service bars* indiquent un service outre-mer d'un an et demi (six mois par barre) et à droite le *meritorious service unit badge* récompense toute unité des services de soutien qui s'est distinguée par son efficacité. Après-guerre, les passants verts aux épaules désigneront un commandant d'unité de combat, comme Otis.

C'est si agréable de me dire que je serai bientôt à la maison pour te voir et t'embrasser pour de vrai Judy. J'en ai rêvé si souvent que j'ai du mal à croire que cela va bientôt se réaliser. [...] *La plupart des autres gars sont déjà au lit mais ne dorment pas encore. Ils sont en train de papoter sur la vie à l'université et tout ça. Il semblerait que nous parlions toujours de ces choses-là et rarement de la guerre ou de sujets militaires. De temps en temps, les camarades prennent un peu de cognac ou d'alcool fort et après quelques verres, leur langue semble s'assouplir et nous discutons des incidents les plus graves. Les situations les plus sérieuses nous font parfois rire, mais nous sommes tous d'accord sur le fait que ce n'était pas du tout drôle au moment où les événements ont eu lieu. Je suppose que c'est une bonne chose que nous ayons le sens de l'humour, car il nous a bien aidés lorsque nous avions besoin de relâcher la pression de nos nerfs tendus. Je suppose qu'un jour, nous oublierons certaines des épreuves les plus horribles que nous avons traversées. Je sais que cela nous aidera beaucoup de retrouver nos proches à la maison et d'être immergés dans un environnement plus normal. Je suppose que c'est exactement ce dont nous avons tous besoin, pour revenir normaux.* [...]

Pour en revenir au sujet de mon retour à la maison, Judy, je crois ne pas prendre trop de risque en avançant que tu peux t'attendre à me voir vers la fin du mois de juillet. Ne t'inquiète pas, ma chérie, si je suis en retard et que je n'arrive pas à ce moment-là, car tu sais ce qu'il en coûte d'essayer de planifier des choses quand on est dans l'armée. [...] *J'arriverai à te le faire savoir d'une manière ou d'une autre, même si cela doit se faire par télégramme. Bien sûr, je sais qu'il te sera impossible de venir me rejoindre, alors je prendrai un train pour Rutland. Je pense même que je vais prendre un taxi pour rentrer à la maison.*

Carte postale représentant la gare de Rutland, Vermont.

J'ai déjà tenté de nombreuses fois d'imaginer à quoi ressembleront nos retrouvailles. Je peux déjà te voir laisser tomber tout ce que tu as entre les mains (sauf Bobby, bien sûr) et enrouler tes deux bras autour de mon cou pour m'embrasser. Crois-moi, ma chérie, quand je te dis que ce sera le plus beau jour de ma vie, parce que je le pense vraiment. Peut-être pleurerons-nous un peu de joie tous les deux mais ce sera une réaction normale, sans nul doute, après la longue séparation que nous avons endurée. Ça a été très éprouvant par moments et je n'aime même pas y penser, même maintenant ma chérie, alors que c'est presque fini. Tout ce à quoi j'aime penser, c'est à mon retour à la maison, même si je n'oublierai jamais le jour où je t'ai laissée à l'aéroport de Burlington. Je sais que je n'oublierai jamais non plus le jour où je reviendrai, ma chérie. J'aimerais passer le premier jour juste entre toi, Bobby et moi, ma chérie. Qu'est-ce que tu en penses ? Est-ce que cela correspond à tes projets ? Ensuite, nous pourrons commencer à faire le tour de tous nos proches et faire tout ce que tu voudras, aller où bon te semble et tu peux préparer le programme dès à présent ! [...] *À très bientôt Judy, tout mon amour, plein de bisous, et prends bien soin de toi et de Bobby jusqu'à mon retour. Otis.* »

Le 26 juin, le *8th Regiment* quittera Bamberg et se dirigera vers le port du Havre, en France. Le 2 juillet, il embarquera à bord du USS *Hermitage* (l'ancien paquebot italien SS *Conte Biancamano*) pour se rendre à Camp Butner, en Caroline du Nord (États-Unis). Après la décision d'Harry Truman, le nouveau président des États-Unis, de larguer deux bombes atomiques sur le Japon (*Little Boy* sur Hiroshima le 6 août et *Fat Man* sur Nagasaki le 9), au moment même où l'Armée rouge déclare la guerre à l'Armée impériale, la guerre dans le Pacifique se termine avec la reddition inconditionnelle du Japon le 2 septembre 1945. C'est la fin de la Seconde Guerre mondiale. Enfin chez lui, Otis sera démobilisé le 14 janvier 1946, mais reprendra le commandement de la *A Company, 172nd Infantry, Vermont National Guard* où il sera promu *Major* en 1948. De retour à la vie civile et dans la joaillerie, il ouvrira avec son fils Robert sa propre boutique, *Hewett and Son Jewelers*, en 1968.

Otis C. Hewett adjusts the display in the window of Hewett and Son.

Otis C. Hewett, Rutland, Vermont

Diamonds As An Investment

Because a much larger fortune can be carried around in gems than in gold, diamonds are considered extraordinarily desirable assets; in times of need they can easily be converted into the necessities of life.

Diamonds pay important dividends in the pride and pleasure they bring to their owners. If cared for, they do not deteriorate and do not fluctuate widely in value. Therefore, if the need arises, a portion of the original cost can be realized quickly on forced sale. During the last troubled thirty years, when thousands of persons had to flee from the lands of their birth, many were entirely dependent for their livelihood on the cash they were able to obtain from diamonds and other jewelry saved from family possessions.

When King James II was exiled from England and fled to France, he was in desperate need of money. King Louis XIV, whose fondness for diamonds was well known, gave the deposed king $125,000. for his most valuable diamond. This stone is the famous 53 carat Sancy, which once belonged to the Shah of Persia and which has had a long and fanciful history. The same stone is now in possession of Viscount Astor and is still, after centuries, a costly and valuable treasure. What other possession will so long withstand depreciation?

The diamond jewel you love today will stay beautiful and keep giving you joy long after everything else is too long or too short or worn out.

A diamond is forever.

HEWETT and SON
JEWELERS
"DIAMOND SPECIALISTS"
30 Center St. Rutland, Vt.

Coupure de Journal montrant Otis agençant sa vitrine en 1979 et une publicité passée dans le *Rutland Daily Herald*. La boutique se situait au 30 Center Street à Rutland (visible en haut de page sur une carte postale ancienne).

Otis vivra heureux avec Judy dans leur « petite maison blanche aux volets verts » jusqu'à sa mort le 5 octobre 1981 à l'hôpital Mary Hitchcock de Hanover, dans le New Hampshire. Judy est décédée en 2007 et leur fils Robert les a rejoints en 2013.

Judy et Otis, enfin réunis… Ci-dessous, un appareil photo 35 mm Ansco Memo (produit entre 1926 et 1934) portant l'emblème de l'*US Army*.

La Seconde Guerre mondiale, avec 70 millions de morts militaires et civils, a été une telle horreur que ses belligérants ne se sont plus jamais affrontés directement pendant le restant du siècle : bien que l'Europe ait été divisée en deux blocs capitaliste et communiste, l'alliance militaire de l'OTAN (1949) et le Pacte de Varsovie soviétique (1955) ne laisseront jamais la guerre froide dégénérer en troisième guerre mondiale jusqu'à la dissolution de l'Union soviétique en 1991. Quant à elle, l'Union européenne, née d'une nouvelle paix avec nos ennemis d'hier, a assuré à ma génération, jusqu'à ce jour du moins, que nous n'aurions plus à nous battre pour notre terre (comme l'avait fait chaque génération depuis des siècles). L'Organisation des Nations Unies, fondée à la fin de la Seconde Guerre mondiale, a fait de la paix mondiale sa mission principale, comme annoncé dans le préambule de sa charte : « *Nous, peuples des Nations Unies, résolus à préserver les générations futures du fléau de la guerre qui deux fois en l'espace d'une vie humaine a infligé à l'humanité d'indicibles souffrances* [...] *et à ces fins à pratiquer la tolérance, à vivre en paix l'un avec l'autre dans un esprit de bon voisinage, à unir nos forces pour maintenir la paix et la sécurité internationales.* »

Malheureusement, à l'heure où ces lignes sont couchées sur le papier, la guerre contre une grande puissance, nucléaire de surcroît, a fait son retour en Europe, suite à l'invasion de l'Ukraine par l'armée russe. Le contexte international est de plus en plus instable et le fascisme gagne du terrain au sein même de l'Union européenne. Que s'est-il passé en 80 ans pour que nous ayons oublié la simple ambition de l'ONU ? Que s'est-il passé pour que nous ayons déconstruit nos alliances, abandonné les institutions et la diplomatie, repris la course aux armements et permis le retour d'idéologies extrémistes ? Convaincus que la paix sera éternelle, garantie par la codépendance économique liée à la mondialisation et la perspective d'une « destruction mutuellement assurée » en cas de nouveau conflit (forcément nucléaire), nous avons oublié les leçons de la Seconde Guerre mondiale, quand nous n'avons pas oublié son histoire même (les chiffres sur la méconnaissance de la Shoah par les jeunes générations sont toujours plus effarants). On pourrait penser qu'après un tel déchaînement de haine et d'horreur, l'humanité a enfin appris de ses erreurs, mais elle semble déterminée à préserver la paix en préparant la guerre, comme le dit le vieil adage. Malheureusement, tant que l'humanité n'agira pas comme une race unique, loin est le temps où nous unirons nos forces pour lutter contre le changement climatique et la faim dans le monde. Néanmoins, mon pays est toujours en paix et je n'ai jamais vu de mes propres yeux l'effet d'un bombardement... et je sais à qui je le dois. Pour la paix dans laquelle nous sommes nés, soyons éternellement reconnaissants envers ceux qui ont abandonné leurs foyers et leurs rêves pour tenter de nous débarrasser du fascisme et du nazisme, aussi longtemps que possible.

Comme Otis, 16 112 566 hommes et femmes ont servi dans les forces armées américaines pendant la Seconde Guerre mondiale, aux côtés de millions d'autres héros des nations alliées, déterminés à mettre fin aux crimes de haine d'Hitler et à restaurer la Liberté, quel qu'en soit le prix. Rien qu'en Europe occidentale, entre juin 1944 et mai 1945, un demi-million de soldats américains ont été victimes des combats, parmi lesquels 109 842 GI ont payé le prix fort (en plus des 55 130 soldats britanniques, canadiens, français et d'autres nations alliées qui ont donné leurs vies). En seulement un an, la *Ivy Division* avait subi 21 550 pertes (liées au combat uniquement), ce qui la plaçait au deuxième rang des forces américaines de la Seconde Guerre mondiale les plus touchées, juste derrière la *3rd Infantry Division* (qui, quant à elle, s'était battue depuis 1942, de l'Afrique du Nord à l'Autriche, en passant par l'Italie et la France). Puissions-nous ne jamais les oublier : chacun d'eux a fait sa part du travail, jusqu'à ce qu'il soit accompli.

until the job is done

POUR ALLER PLUS LOIN : LE DOCUMENTAIRE

Ce long-métrage documentaire, réalisé par l'auteur, est complémentaire à ce livre : Clément Horvath s'est lancé sur les traces d'Otis, de Utah Beach à Hürtgen, à la rencontre d'historiens et témoins de l'époque. Illustré d'images d'archives rares et de reconstitutions cinématographiques, le film *TILL THE JOB IS DONE : sur les traces d'un officier de la 4th Infantry Division américaine* est à voir sur Youtube et sur www.tillvictory.com !

BIBLIOGRAPHIE :

National Archives ; Journal local du *Vermont Rutland Daily Herald* ; *The Army's Orphans: The United States Army's replacement system in the European Campaign, 1944–1945* (Eric William Klinek) ; *Famous Forth, the story of the 4th Infantry division* (livret du *Stars and Stripes*) ; Historique officiel de la *4th Infantry Division* (*US Army*) ; Journaux de marche de la *4th Infantry Division* et *Morning reports* (*US Army*) ; *The Second World War* (Norman Ferguson) ; *Government Issue, le guide du collectionneur* (Henri-Paul Enjames) ; *Quand les alliés font la mode* (Eric Belloc et Arnaud Digard) ; *Brave Men* (Ernie Pyle) ; *Up Front* (Bill Mauldin)...

REMERCIEMENTS :

Ma femme Laëtitia (pour sa patience apparemment sans limite et pour être une nouvelle fois ma première lectrice), toute l'équipe des éditions OREP et en particulier Grégory Pique pour sa confiance et Joëlle Meudic pour sa relecture, Ron, Ken et Michael et toute la famille Hewett, Jeff Blizzard (historien de la famille Hewett, qui me fut d'une grande aide dans mes recherches), Bertrand Froger (pour sa relecture, son expertise en uniformologie et son important soutien financier au projet) et Olga Froger, Martin Lee (pour la relecture de la version anglaise), Katharina et Tobias Kreuzmann du musée de la forêt de Hürtgen (pour avoir été des guides exceptionnels), Jérémy Andersen Bö (historien français de la *4th Infantry Division*, qui a pu valider et compléter mes recherches, et a posé en tant qu'Otis pour les mannequins illustrant l'ouvrage), Patrick Fissot et Godefroy Beaussire (du Normandy Victory Museum), Eric Belloc (du musée Airborne de Sainte-Mère-Église), Paul Woodadge de WW2TV, Florent Plana et Jenny Post (pour leur accueil en Normandie pendant le tournage et avoir partagé leur incroyable interview de vétéran dans le documentaire), Joël Papillon (pour ses recherches sur Carrouges), André Bourlier et Jeanine Papillon (pour leurs souvenirs), Philippe et Pascale Rousseau, Henri-Jean Renaud (pour avoir partagé ses souvenirs d'enfance lors du débarquement à Sainte-Mère-Église), Jenise et Brad Falk, Michel Müller (descendant des Levallois), Christine Delahaye (mairie de Carrouges), Romain Benitez (pour avoir prêté sa voix à Otis dans le documentaire) et Julien Hauvel (qui l'a interprété à l'écran), Robin Simonson, Clément Devos, les éditions Ouest-France et Pen & Sword... Et bien sûr, merci à toi, Otis.

Les personnes suivantes m'ont aidé à réaliser le documentaire associé à ce livre, en s'offrant comme contrepartie liée à ma campagne de financement participatif leur nom dans l'ouvrage : Bertrand Froger (La Petite Musette), Mathieu Bourgeois, Karl Stefic, Vincent et Isabelle Horvath, Fanny Hubart-Salmon, Christelle Collini, Brice Beauvillain, Béatrice Lagoutte, Catherine Davenel, Manon Wilbert, Romain Tremouille, Gilles Leffray, Laurent Drouet, Gautier Dubuisson, Thérèse Monsaint, Sophie Cardine, Murielle Chabot, Aurélie Duclos, Richard-Junior Anger, Sébastien Cugny et Matteo Cugny Paolazzi, Carole Maltête, Alexandre Maurouard, Agnès et Jacques Guironnet, Laëtitia Horvath, Vincent Bourgine, Filip De Preter, Theophile Odaert, Cyrille Marie, François Le Roux, Emmanuel Boulon, Nicolas Morel, Nicole et Gérard Beauvais, Jérôme Nivet, Franck Grison, Maximilien de Lussac, Aymeric Vabois, Romain Savary, Pauline Aspect, Clément Caminal, Quentin Godfroid, Thomas Font, Kévin Le Cochonnec, Romain Bréget, Yannick Longy, Maël Boustouler, Hervé Bonglet, Alexandre Maniez, Benoît Breffy, Sylvie Le Guen, Sébastien et Lucie Beauvais Guironnet, Philippe Maître, Damien Buron, Jonathan Vigneron, Alban Péan, Charles-Antoine Quenin, Yann Gillard, Tommy Hamelink, David Follin, Arnaud Bouysset, Thierry Roulleau, Nathalie Monsaint-Baudry, Delphine Castagné, Céline Le Guen, Pascal Veret, Odile Marois, Céline Bray, Jordan Proust, Mathilde Le Guen, Melanie Brown, Loïc Adrien, Franck Le Guern, Lucien Prud'Hon, Josse Touzard, Sylviane Follin, Quentin Vermonet, Dominique et Francine Beauvais, Nicolas Brondin-Bernard, Mathieu Marzys, Camille Bouché Rubert, Steve Ferguson, Hervé Chalmeton, Aurore Xavier, Armelle Boulon, Oscar Lozada, Robert Edilber, Thomas Chaignon, Stéphane Moreau, Lucie Leduc, Carine Lohé, Pierre-Aldric Leurs, Julien Hauvel. Merci également aux autres participants qui ont choisi des contreparties différentes mais ont aussi aidé à la concrétisation du film.

CRÉDITS :

L'ensemble de l'ouvrage a été mis en page par l'auteur, également photographe des lieux et pièces présentées (pour la plupart issues de sa collection personnelle, à l'exception des armes présentées sur les mannequins et la veste montée d'origine p. 48, collection Jérémy Andersen Bö, et le liner p. 60, collection Emmanuel Doucet) et à l'origine des colorisations de photos d'époque (National Archives, US Signal Corps).

OREP
EDITIONS

Zone tertiaire de Nonant, 14400 BAYEUX
Tél. : 02 31 51 81 31 - Fax : 02 31 51 81 32
E-mail : info@orepeditions.com - **Site internet :** www.orepeditions.com
Éditeur : Grégory PIQUE - **Conception :** OREP Éditions
Coordination éditoriale : Joëlle MEUDIC
Graphisme et mise en pages : Clément HORVATH

ISBN : 978-2-8151-0625-2 - Copyright OREP 2023 - Dépôt légal : avril 2023